Gruschka | Erziehen heißt Verstehen lehren

Andreas Gruschka

Erziehen heißt Verstehen lehren

Ein Plädoyer für guten Unterricht

Reclam

2., erweiterte und aktualisierte Auflage

RECLAMS UNIVERSAL-BIBLIOTHEK Nr. 19593
2011, 2019 Philipp Reclam jun. Verlag GmbH,
Siemensstraße 32, 71254 Ditzingen
Gestaltung: Cornelia Feyll, Friedrich Forssman
Druck und Bindung: Kösel GmbH & Co. KG,
Am Buchweg 1, 87452 Altusried-Krugzell
Printed in Germany 2019
RECLAM, UNIVERSAL-BIBLIOTHEK und
RECLAMS UNIVERSAL-BIBLIOTHEK sind eingetragene Marken
der Philipp Reclam jun. GmbH & Co. KG, Stuttgart
ISBN 978-3-15-019593-2

Auch als E-Book erhältlich

www.reclam.de

Inhalt

Vorrede zur erweiterten und aktualisierten Neuausgabe

Die Halbwertszeit pädagogischen Schrifttums ist wohl eine der kürzesten. Das hängt vor allem mit den in ihrem Feld so beliebten Moden und Konjunkturen zusammen. Dabei wechseln die Krisendiagnosen wie auch die Heilsbotschaften entweder schnell einander ab, gehen auch ineinander über oder stehen sogar zueinander im Widerspruch. Man denke nur daran, wie stark die Erhöhung der Quote höherer Abschlüsse mit den Erfordernissen einer sich revolutionär innovierenden Industrie begründet wurde, während auf der anderen Seite nun laute Klage geführt wird darüber, dass der Wirtschaftsstandort Deutschland durch den Mangel an Facharbeitern gefährdet werde, denn der Nachwuchs sitze in überfüllten Vorlesungen ohne Aussicht auf eine entsprechende Beschäftigung.

Ähnlich ergeht es den pädagogischen Konzepten. Seit mehr als 200 Jahren schlägt das Pendel der unausgesetzten Reform des Bildungswesens mal zu der einen Seite der (allgemeinen) Bildung, mal zu der anderen Seite wirtschaftlich geforderter Qualifikationen aus. Ungefähr im Rhythmus von 20 Jahren geht es hin und dann wieder her. Gegenwärtig bewegt sich das Pendel wieder mehr zur Frage der Bildungsrelevanz schulischer Inhalte, nachdem es mit weitem Ausschlag zur Seite der nützlichen Kenntnisse oder Kompetenzen ausgeschlagen hatte.

Keineswegs aber ist damit bereits ausgemacht, dass wieder die Zeit für eine allgemeine Aufnahme der in diesem Buch entfalteten Perspektive angebrochen ist. Manches spricht zwar dafür, wenn man die Geschichte zu Rate zieht, in der sich immer wieder das Geltung verschaffte, was als Bildungsauftrag des öffentlichen Schulwesens in unserer bürgerlichen Epoche bestimmt worden ist.

Gut denkbar aber ist auch eine Epochenwende, mit der endgültig verabschiedet werden könnte, was bislang immer wieder vorschnell als überholt ausgegeben worden war. In der beliebten Formel: »Humboldt ist tot!« oder: Wir brauchen nicht mehr allgemeine Bildung in veralteten und überflüssigen Wissensgebieten, sondern möglichst früh das Fitmachen des Nachwuchses für all das, was ihnen als Bewährung im Wirtschaftsleben einer sich beschleunigenden, veränderungswütigen, unsicheren, auf schnelle Wirkung und Effizienz ausgerichteten Welt der Konkurrenz droht. Wissen veraltet, Kompetenz ist die Fähigkeit der Anpassung an ständig wechselnde Aufgaben. Aus der Bildung der Person werde das »unternehmerische Selbst«!

Die erste Fassung dieser Schrift fand überraschenden und nachhaltigen Erfolg beim Publikum. Dies eröffnet nach mehreren Auflagen die Möglichkeit einer erweiterten und revidierten Neuauflage. Dass so viele Jahre nach dem ersten Erscheinen nun diese Neubearbeitung erfolgt, kann damit auch als Zeichen sowohl für eine Ausnahme von der eingangs betonten kurzen Halbwertszeit pädagogischer Schriften wie auch als Hinweis auf die Aktualität und Notwendigkeit betrachtet werden, sowohl die Kritik an der allein nur stiller gewordenen Reform des Bildungswesens weiterhin zu betreiben als auch eine Konkretisierung der Reformalternative vorzunehmen.

Die Reaktionen auf diese Kritik und Konkretisierung durch meine Leser haben mich dazu aufgefordert, ungleich genauer zu bestimmen, was unter dem Leitbegriff des »Verstehen-Lehrens« zu verstehen ist. Deswegen hat der Verfasser versucht, am Ende der Darstellung zu zeigen, wie der Stufengang des Verstehens verlaufen kann. Dieser reflektiert die Erfahrungen, die in den letzten 20 Jahren bei der empirischen Rekonstruktion der realen alltäglichen Prozesse im Unterricht gemacht werden konnten (zusammenfassend etwa Gruschka 2013).

Die erste Auflage der Schrift erschienen unter dem Titel *Verstehen lehren. Ein Plädoyer für guten Unterricht.* Der Sache angemessener ist, so ergab sich im Laufe der Zeit, *Erziehen heißt Verstehen lehren*, da der Erziehung sowohl ein kritisches als auch ein konstruktives Kapitel gewidmet wird und der Zusammenhang aller drei pädagogischer Bestimmungen die Sache des Unterrichts erst vollständig verständlich macht. Nun also erscheint die zweite Auflage mit dem ungleich passenderen Titel.

1. Einführung – Die gegenwärtige Reform der Schule aus dem Blickwinkel des pädagogischen Anspruchs an Schule und Unterricht

Das Reformgewitter nach PISA

So viel Reform von Schule wie in den ersten zwei Jahrzehnten dieses Jahrhunderts war wohl noch nie. Auch wenn sich viele Schulen von sich aus um die Verbesserung ihrer pädagogischen Arbeit bemühten, kamen die meisten Veränderungen doch auf Anweisung von außen. Nach TIMSS (Third International Mathematics and Science Study) und PISA (Programme for International Student Assessment) verschärften Politik und Schulverwaltung den Reformdruck auf die Schulen entscheidend, und auch die Zielrichtung der Bildungspolitik änderte sich gravierend. Bis auf absehbare Zeit sollen die großen Vergleichsstudien wie die ihr folgenden kleineren die Reform auf Trab halten.

Ging es in der vorhergehenden Reformphase des Bildungswesens vor mehr als 50 Jahren vor allem um die Modernisierung des Lehrplans durch »Curriculumentwicklung« sowie um die Integration von Schulformen und Bildungsgängen (Gesamtschule und Kollegstufe) und damit um Strukturfragen des Systems mit dem Ziel der Herstellung materialer Chancengleichheit für alle Schüler, so richtet sich die gegenwärtige Reform in erster Linie auf die Verbesserung der schulischen Ergebnisse selbst. Wissenschaft und Management sprechen von einem Paradigmenwechsel der staatlichen Strategie: Sie stellte von der »Input-« auf die »Outputsteuerung« um. Den Schulen soll nicht mehr lehrplangläubig vorgeschrieben werden, was sie zu unterrichten haben, dafür aber, was die Schüler am Ende können müssen. Den zuerst festgelegten »Kompetenzen« folgen die schulischen Inhalte, nicht aber folgen aus Inhalten Kompetenzanforderungen. Den Schulen wird unausgesetzt zurückgemeldet, wo sie mit ihren Ergebnissen stehen. Der Staat verspricht, Bedingungen zu schaffen, unter denen die Schulen »selbstständig« die Entwicklungsziele verfolgen können, die aus den teils problematischen, als Ziffernmessungen kommunizierten, Resultaten ihrer Arbeit folgen (512 auf der PISA-Skala). Auch die Abläufe in den Schulen sollen kritisch evaluiert werden, so dass sich ein neuer Geist der Leistungsorientierung und professioneller Verantwortung ausbreitet. Durch eine Fülle von gleichgerichteten Maßnahmen will ein Konsortium aus Politik, Verwaltung und Wissenschaft die Schulen nachhaltig und nachdrücklich dazu bewegen, sich aus angeblicher Immobilität und Selbstgerechtigkeit zu befreien, so dass mehr und Besseres unternommen wird, damit die Absolventen qualifizierter ins Erwerbsleben treten können.

Fragt man nach dem gemeinsamen Nenner der unterschiedlichen Einzelmaßnahmen und Programme, so erhält man als Antwort, dass die *Effizienz* schulischer Bildung und Erziehung erhöht werden soll. Die Schere zwischen den Qualifizierungszielen und den Fähigkeiten der Schülerinnen und Schüler, zwischen den Ansprüchen an eine professionelle Schularbeit und der alltäglich durchschnittlichen Praxis soll geschlossen werden.

Wie wenig zufriedenstellend die Effizienz schulischer

Bildungsarbeit ist, wird den Deutschen unausgesetzt anhand von internationalen Vergleichsstudien vorgeführt. Die Schulen sind nicht bloß ein wenig vom Erreichen ihrer Ziele entfernt. Ihr Defizit ist gewaltig, vergleicht man das erstrebte und als Qualitätsstandard ausgewiesene Kompetenzniveau mit dem tatsächlich durchschnittlich erreichten. Dabei verharmlosen Tabellen der PISA-Studien noch mittelbar den Befund, indem sie nationale Ergebnisse weniger mit dem eigenen Standard, dafür aber mit den Werten der konkurrierenden OECD-Staaten (OECD – Organisation for Economic Cooperation and Development) vergleichen. Anscheinend kränkt die Deutschen vor allem das ihnen auf diese Weise attestierte Mittelmaß in der Weltliga oder die Tatsache, dass sie deutlich von Ländern wie Finnland und Südkorea abgehängt werden. In Wahrheit aber ist vor allem der große Abstand zwischen Norm und Realität das Schockierende; er ist in Finnland lediglich weniger groß. Es gilt aber auch dort: Nur eine Minderheit der Schüler erreicht hier wie dort, was eigentlich alle erreichen sollten, sofern die Schule ihre Verpflichtung auf allgemeine Bildung erfüllen würde.

Man stelle sich die Produktion von ähnlich wertvollen Gütern wie Bildung vor, bei der lediglich 20 Prozent den eigentlich angezielten Qualitätsstandard erreichen! Sieht man einmal von der weiterhin eine solide Reputation besitzenden Grundschule ab, so leistet keine der Schulformen auch nur annähernd das, was von ihnen erwartet werden muss, nicht nur und nicht erst mit Blick auf die Messskalen. Die Hauptschulen produzieren in erschreckendem Umfang die inzwischen als »Risikogruppe« ausgezeichneten Schüler der PISA-Ergebnisse. Die beherrscht nach der

Sekundarstufe erschreckend oft nicht einmal das »Rechnen auf Grundschulniveau« und fällt fachlich wie motivational als zukünftige Facharbeitergruppe aus. Den Gesamtschulen mangelt es durchschnittlich an der Leistungsfähigkeit, die man von einem integrierten System verlangen muss. Und auch die Gymnasien liefern nicht genügend Spitze in der Breite. Ein Land wie die Bundesrepublik, deren natürliche Ressource vor allem der hoch qualifizierte Nachwuchs sein soll, kann es sich aber nicht leisten, im Mittelfeld der OECD-Länder herumzudümpeln.

Vor diesem Hintergrund werden insistierende Rückfragen hinsichtlich der richtigen Struktur des Schulwesens von der Politik weithin als überholte Glaubensfragen abgewehrt. Die Struktur soll bleiben, wie sie sich regional und historisch darstellt, bzw. wie sie sich gegenwärtig chaotisch mit allerlei neuen Schulbezeichnungen entwickelt, darunter solch schönen und zugleich irreführenden wie der »Stadtteilschule«, die nicht als Schule für alle Schülerinnen und Schüler in einem Stadtteil misszuverstehen ist. Etwa in Hamburg heißt es: Entweder Gymnasium oder Stadtteilschule. Das Modell untermauert also den elitären Charakter des Gymnasiums gegenüber allen anderen Schulformen, wirkt gerade nicht verbindend, wie ihr Name aber irreführend nahelegt. Jede der bestehenden Schulformen habe sich auf ihre innere Verfassung in der Weise zu konzentrieren, dass sie die allgemeinen Qualitätsmaßstäbe der Messungen erfüllt. Man solle also anders sein und doch besser vergleichbar. Von der Schulstruktur als der Grundlage für die Lösung der Probleme soll nicht mehr die Rede sein.

Und auch die altehrwürdige Debatte über die Ziele und Inhalte schulischer Erziehung und Bildung gilt in den Augen der Reformer als überwunden mit dem nunmehr weltweit geltenden Konzept einer auf »Literacy« ausgerichteten Kompetenzentwicklung. »Literacy« hat dabei nichts mit Literatur zu tun: Das Konzept teilt mit den »Wissensdomänen«, versammelt um den muttersprachlichen, fremdsprachlichen, mathematischen und naturwissenschaftlichen Bereich, mit, was man mindestens können muss, um in die fortgeschrittene Wirtschaftsgesellschaft integriert werden zu können. Die als unverrückbar ausgegebene Auskunft der Politikberater aus der Bildungsforschung lautet: Was die PISA-Studien messen, enthält faktisch bereits das Curriculum der Zukunft, es ist das der allgemeinen Kompetenzorientierung (vgl. Klieme 2003). Folglich kommt es zukünftig darauf an, die Schüler zur Lösung der Leistungstestaufgaben zu befähigen, sie entlang den Stufen der Kompetenz weiterzuentwickeln und zu fördern. Unterricht wird auf diese Weise auf ein »Training on the Test« ausgerichtet.

Da die Reformmanager in operationabler Formulierung anzugeben wissen, was schulisch erreicht werden soll, kann es in der Diskussion dementsprechend lediglich um die Mittel gehen, mit denen die Schule auf die Straße des Erfolges geführt werden soll. Aber auch hier kann keine Rede von einer Vielfalt der Ideen sein. Die Agenda ist weltweit die Gleiche, was man als einen bemerkenswerten Erfolg der Globalisierer deuten kann.

Die Bildungspolitik des letzten Jahrzehnts »kannte keine Parteien mehr« bei der kollektiven Anstrengung, dem deutschen Bildungssystem (wieder) einen Spitzenplatz im globalisierten Kampf der Volkswirtschaften zu verschaffen. Die vergleichsweise besser abschneidenden Bundesländer müssen sich genauso auch weiterhin sputen, besser zu werden als die abgehängten. So verwundert es auch nicht, dass Unterschiede in der Reformagenda nur noch schwer auszumachen sind. Alle Länder hängen am selben Tropf der Rezepte, diese werden als alternativlos herausgestellt und somit zu den sattsam bekannten Sachzwängen hochstilisiert. Der Föderalismus degeneriert zum Wettbewerb, bei dem es nur noch darum geht, wer schneller umsetzt, was alle tun wollen, wer die Medizin dabei geschickter den Patienten verordnet und wem hoffentlich bei der nächsten Messung vergleichsweise größere Fortschritte nachgewiesen werden können. Solche Fortschritte freilich sind bislang ausgeblieben, so dass man es langsam leid wird, sich von der Bildungsforschung zu wirkungslosem Aktionismus verdammen zu lassen.

Das schreckt die »empirische Bildungsforschung« auf, weil es sie um die erwartete fortschreitende Expansion ihres Geschäftsbetriebes fürchten lässt. Noch schaffen es die jeweils neuen PISA-Daten und andere »Studien« auf die ersten Seiten der Printmedien. Zugleich ist jedoch eine Abstumpfung zu beobachten, denn das Erregungspotenzial einer Veränderung der Punktewerte etwa von 489 auf 495 ist gering. Die Politikberatung ist weit davon entfernt, die bislang ausbleibende Eigeneffizienz der Kur, die sie den Schulen verordnet hat, sich selbst zuzuschreiben.

Freilich zeigt die Kritik am Konzept der Kompetenzentwicklung und vor allem ihrer heillosen Umsetzungen eine gewisse Wirkung. So verlautet aus den Kreisen der Reformer, dass man nun doch wieder stärker auf die Inhalte der Fächer und das achten solle, was an ihnen nicht einfach als »Literacy« gemessen wurde. Ein Eingeständnis eigenen Irrtums ist aber bisher ausgeblieben.

Viele derjenigen, die in den neu gegründeten IQs (Instituten für Qualitäts- und Kompetenzentwicklung) die Basis mit der Reformagenda verwickeln sollten, haben resigniert und sind schon wieder abgeschafft worden (wie etwa die angelernten Schulentwickler, die die Schulprogrammarbeit der Schulen evaluieren sollten). Herolde der Reform klagen einmal mehr: Der Misserfolg liege an der halbherzigen Umsetzung des Richtigen, die Widerstand, Schlendrian und ersatzweise Reformrhetorik begünstigen.

Die Politik und Kultusadministration reagieren demgegenüber auf die schlechten Evaluationsdaten nun schon seit Jahren mit hektischer Betriebsamkeit. Sie fühlen sich als von den Daten Gejagte und als Opfer einer Agenda, die blühende Schullandschaften versprach, die sich anhaltend als marode, fehlgeleitet, desorientiert erweist bzw. als solche von außen wahrgenommen wird. Nach außen gemeldete Erfolge werden nicht als Fortschritt bewertet und mit Anerkennung belohnt. Von einem professionellen Reformmanagement ist allein in den Verlautbarungen der Modernisierungsphilosophie weiterhin vollmundig die Rede, doch sie steht bloß auf dem Papier. In der Praxis lassen sich als Kehrseite enthemmter Dilettantismus, Erklärungsnot, Hilflosigkeit und die Flucht in Leerformeln und Allgemeinplätze beobachten. Der sowieso geringe Kredit der Reformer ist längst bei denen aufgezehrt, die umsetzen sollen, was ihnen verordnet wird. Auch wenn bislang niemand sagen kann, was jenseits allgemeiner Postulate Bildungsstandards in der alltäglichen Unterrichtsarbeit sein sollen oder wie auf die diesen zugrunde liegenden Kompetenzen und die zu entwickelnden Stufen reagiert werden soll, verlangt die Politik schnellstmögliche Umsetzung. Die von durchweg überforderten Landesinstituten für Qualitätsentwicklung in Lehrerkommissionen gestrickten Konzepte sind mehr ein Stochern im Nebel, als dass sie dazu geeignet wären, die Revolution der Kompetenzorientierung zu verwirklichen. Kein Wunder, dass bei so viel Zwang und Undurchsichtigkeit keine Begeisterung mehr aufkommen will.

Die Politik setzte in den letzten Jahren nicht auf die homöopathische Dosierung oder eine dosierte Schritt-für-Schritt-Umsetzung von Reformen, um den Schulen angemessen Zeit zu geben, sich auf bestimmte Maßnahmen zu konzentrieren und zuallererst zu lernen, wie man nachhaltig und kontrolliert umlernen kann. Aufgelegt wurden stattdessen als »systemisch« intellektualisierte, angeblich zusammenhängende Reformkonzepte, die möglichst an allen Problemstellen des Systems Baustellen zu errichten verlangten. Man nannte diese enthemmte Selbst- und Fremdüberforderung gerne ein »strategisches Gesamtkonzept«. Die hinter diesen stehende Perfektibilitätsphantasie war indes nur rhetorisch als Nachweis von Verantwortungsübernahme durchzuhalten. Manche Schulminister trieben ihre Ungeduld so weit, dass sie quasi jede Woche zur Komplettierung der Agenda eine neue entscheidende Reformidee verkündeten; jede neue stellte dabei natürlich die Relevanz der vorhergehenden, längst noch nicht praktisch verankerten Reform in den Schatten, wenn nicht gar infrage. Der ideelle Reichtum der ministeriellen Ratgeber schien grenzenlos zu sein, und nur die Älteren unter den Betroffenen vermerkten verwundert, wie nicht selten alter Wein in neue Schläuche geschüttet wurde bzw. man auf Maßnahmen setzte, die bereits in der Vergangenheit ihr Scheitern erleben mussten.

Nach so vielen Jahren eines unausgesetzten Reformgewitters macht sich in den Schulen bleierne Erschöpfung breit. Man wurde unausgesetzt auf Trab gehalten, hat ungezählte Stunden in Konferenzen beraten, bereitwillig Konzepte entwickelt und erprobt. So manche Aktivität erwies sich als ähnlich nachhaltig wie die Zeitung von gestern, weil heute schon wieder anderes verlangt wurde. Nicht wenige der Engagierten fühlen sich regelrecht verheizt, die Altklugen dagegen fühlen sich in ihrer Abwehr von Neuerungen bestätigt: Gut, dass die Schule sich so oft resistent verhalten und nicht jede unausgegorene Idee angenommen hat. Nichts scheint durch die Reformen tatsächlich besser, vieles dafür schlechter geworden zu sein. Das Hypertrophe der Versprechungen rächt sich vielfach mit der Resignation an der Basis. Das Fatale daran ist: Zwischen die fraglos gegebene Notwendigkeit, die Schulen wieder mehr zu dem zu machen, was sie pädagogisch sein sollten, und dem schlechten Fortgang der Dinge schiebt sich die Erfahrung der entfremdeten Getriebenheit. Bis heute wird ungebrochen ein technokratischer Reformdiskurs geführt, der, mit Plastikwörtern und Leerformeln angefüllt, sich zunehmend als unfähig erweist, die pädagogische Substanz der Probleme zu erfassen.

Das meiste, was zur Durchsetzung der Optimierung des Systems durch Reformen ersonnen worden ist, kommt nicht aus dem genuinen Ideenhaushalt der Pädagogik. Es baut nicht auf der abrufbaren Erfahrung mit der pädagogischen Denk- und Handlungsform auf, sondern kann als Import aus der angewandten Betriebswirtschaftslehre und den Forschungskonstrukten einer »pädagogischen« Psychologie angesehen werden. Mit beidem werden aber fremde Universalrezepte und -konzepte auf die spezifischen Voraussetzungen der Schule übertragen. Die Sprache der Reform ist weitgehend die des Business: Es geht um Qualitätsentwicklung und -kontrolle, um Organisations-, Produkt- und Personalentwicklung, um Schulmarketing und Intrapreneurship (d. h. die Schulen sollen möglichst viel Geld einwerben und hinzuverdienen). Man hat sich im konkurrierenden Umfeld »aufzustellen«, dafür an erweiterten Programmen zu arbeiten und sich in Wettbewerben um Preise oder mehr Aufmerksamkeit durchzusetzen.

Neben das Kerngeschäft des Unterrichts sind längst zahlreiche Event-bezogene Aktivitäten getreten. Mit Austauschprogrammen, Projektwochen, Festen und Feiern lässt sich Marketing, »Kommunikation« entfachen, mit der die Schule in der Öffentlichkeit besser dasteht. Dank der »Schulprogrammarbeit« lassen sich »Stärken stärken und Schwächen schwächen«, »Alleinstellungsmerkmale« identifizieren und nach innen und außen so kommunizieren, dass Formeln Wirklichkeit werden. Man soll in allem nicht nur besser werden, sondern auch die sich neu stellenden Aufgaben übernehmen. Dabei hat jeder immer und überall nach »Exzellenz« zu streben. Die Idee dahinter ist leicht zu fassen: Will jeder Meister werden, strengen sich alle mehr an, so in der Wirtschaft, so nun auch in der Schule. In kürzerer Zeit (vgl. die Kürzung des Gymnasiums bzw. G 8, die schon wieder kollabiert ist) sollte bei grundsätzlich konstanten Ressourcen und einer erweiterten Leistungspalette in jeder Hinsicht zu besseren Ergebnissen gekommen werden. Ziele werden zu Zauberformeln: Sie sind vom pädagogischen Indikativ geprägt, d. h., sie stellen ein Sollen so dar, als wäre es schon ein Sein, damit es bald Wirklichkeit werde. »Selbstenthusiasmierung« könnte man das nennen.

Das neue effiziente Lernen und Lehren verlangt nach neuen Beschreibungsformeln: »Selbstwirksamkeit« soll bewirkt werden, als gäbe es im Moment nur die alte bisherige Fremdwirksamkeit ohne Eigenaktivität. Das optimistische Selbst wird zur Ressource seiner eigenen Wirksamkeit. »Adaptive Lernumwelten« sollen geschaffen werden, als wären die bisherigen durchweg ohne Impulse zur Aneignung. Die Adaptation geschieht dabei durchweg nicht über ein konkretes inhaltliches Interesse, dafür aber über sekundäre Weisen der Motivation. Jetzt seien Kompetenzen zu vermitteln, weil vordem nur Wissen vermittelt worden sein soll. Diese Kompetenzen sind dabei so zu bestimmen, dass sie auf beliebige Inhalte bezogen werden können. Am Ende liest sich das als die Beschwörung von allem und jedem noch so Trivialen und Unbestimmten als Kompetenz. Pragmatisch hilft man sich mit Umetikettierung: Man nehme Hochspringen oder das Verfassen von Korrespondenzbriefen, nenne es nun Hochspringkompetenz und Korrespondenzbriefschreibekompetenz, und man hat aus Wissen oder Handeln eine Kompetenz gemacht.

»Metakognitionen« sollen das Lernen des Lernens befördern, wo schon die Bestimmung der Kognitionen nicht leichtfällt, die beim Lernen von etwas Bestimmtem wesentlich werden. »Lernen des Lernens« geschieht mit Lernen als Inhalt, also ohne einen solchen! Forschung soll zeigen, welche Stellschrauben angezogen oder gelockert werden sollen, um in einem durch ungezählte Variable zergliederten Zusammenhang des schulischen Unterrichts bessere Wirkungen zu erzielen.

Angesichts der Unzahl von Detailstudien zu Wirkungszusammenhängen des Unterrichts soll dann »evidenzbasierte« Metaforschung zeigen, was durchschnittlich sich bewährt hat. Die Auskünfte berücken mit ihrer Schlichtheit und Abgehobenheit von jedweder Möglichkeit, aus ihnen für die Praxis einen Nutzen zu ziehen. Man weiß danach, dass es vor allem auf den Unterricht, den Lehrer und seine Kompetenzen ankommt. Der soll fachlich, sozial und didaktisch kompetent sein. Wer hätte das (nicht) gedacht? Für die Antwort auf die Frage, was das denn beim Unterricht eines konkreten Inhaltes bedeute und wie auf eine bestimmte Konstellation in einer Klasse zu reagieren ist, fühlt sich aber keiner der Experten zuständig. Die Antworten sind entsprechend nichtssagend. Wird lediglich die Sprache umgestellt, mit der das Unterrichtsgeschehen erfasst werden soll, wird zunehmend unkenntlich, um was es pädagogisch in der Schule eigentlich geht.

Diese Umschreibung zeigt zwei Dinge, zum einen, dass die hausgemachten Konzepte der Pädagogik augenscheinlich nicht verhindern konnten, was als negatives Ergebnis der Schule mit den Evaluationsdaten auf dem Tisch liegt. Es handelt sich hier augenscheinlich um ein Versagen der Pädagogik, und als solches wird PISA auch weitgehend wahrgenommen. Zu erinnern ist aber daran, dass PISA keineswegs die Fähigkeit von Lehrern misst, wirkungsvoll zu unterrichten. Auch wurden die Schulen nicht als solche untersucht. PISA unterwirft ausschließlich und allein die Schüler einem Leistungstest. Anders als dies sonst in der Schule üblich ist, wird aber das Versagen der Schüler nicht diesen selbst zugeschrieben. Eindeutig wird es als Folge der professionellen Unfähigkeit der Lehrerinnen und Lehrer kommuniziert.

Nicht einmal die ansonsten geläufige Entschuldigung durch die schlechten Rahmenbedingungen für Schulen vermag zu verfangen, produzieren doch vergleichbare schulische Umstände und Herkunftsmilieus stark unterschiedliche Ergebnisse. Letztlich wird mit den Testleistungen der Schüler der Arbeit der Pädagogen ein schlechtes Zeugnis ausgestellt. Man kann über diese urteilen, ohne dass man deren Arbeit genauer studiert haben muss. Der Output sagt in diesem Punkt nichts und doch bereits alles aus.

Zum anderen, mit dem Entwicklungsprogramm der OECD für die Schulen ist noch keineswegs ausgemacht, dass betriebswirtschaftliche Modelle der Produkt- und Prozessoptimierung (in Begleitung mit allgemeinen psychologischen Wirk- und Handlungsmodellen) als Universalschlüssel dabei helfen können, die Wirkungen herbeizuführen, die mit genuin pädagogischen Mitteln empirisch bislang nicht erzielt werden konnten. Zugleich haben Pädagogen allen Grund, Asche auf ihr Haupt zu streuen: Sie sind nachdrücklich dazu aufgefordert, radikal danach zu fragen, was in ihrer Praxis für das aufsummierte schlechte Ergebnis mitverantwortlich ist.

Nach Jahren rasender Reform besteht kein Anlass mehr dafür, vertrauensvoll die »Sanierung des Betriebes« weiterhin in die Hände einer Gruppe wissenschaftlich aufgerüsteter Modernisierer zu legen, die mit dem Versprechen, über universell einsetzbare Heilmittel zu verfügen, Schulen heimsuchen (ähnlich, wie sie das bereits mit Kirchen, Krankenhäusern, Verwaltungen, Vereinen gemacht hatten).

Die eingesetzte Mischung aus Betriebswirtschaftslehre und pädagogischer Psychologie zeigt heute bereits eine Fülle von pädagogischen Kollateralschäden, sie kommt nicht ans messbare Ziel, und vor allem vermag sie nicht, die spezifischen Probleme des »Systems« zu begreifen und entsprechend praktisch zu bearbeiten: Sie verfehlt die pädagogische Substanz der Aufgabe der Schule, insbesondere ihre Erziehungsaufgabe und Bildungsfunktion. Das, was die Reformen von Schulen und Lehrern verlangen, erlaubt Schulen und Lehrern gerade nicht, ihre Aufgabe besser zu erfüllen.

Zu der hier eher kursorisch vorgetragenen Kritik an der Reform sind in der jüngsten Zeit einige ungleich ausführlichere und detailliertere Schriften erschienen. Sie wurden von einem der Kritisierten, dem Anführer der »empirischen Bildungsforschung« Manfred Prenzel, als »Gift der Pädagogen« gebrandmarkt. In ihnen wird von den Philosophen Christoph Türcke (2016) und Konrad Paul Liessmann (2014) sowie vom Fachdidaktiker Hans Peter Klein (2016) mit einer Vielzahl von empirischen Belegen gezeigt, in welcher konkreten Form und in welchem Ausmaß durch die Reformen Schaden angerichtet wurde. Es ist bedenkenswert und bezeichnend, dass von angeblichen »Empirikern« diese auf Tatsachen gestützte, erschließende Kritik entweder als Polemik, als Feuilleton oder eben als »Gift der Pädagogen« abgetan wird. Auch so kann man den Kredit der Wissenschaft verspielen. Den alten Pädagogen wurde zu Recht vorgehalten, sie würden mit hehren und wuchernden Bestimmungen und Forderungen eine Wirklichkeit einhüllen, statt diese aufzuklären. Doch genau dies fällt in Form dieser präzisen, wirklichkeitsgesättigten Kritik den aktuellen Reformern auf die Füße: als von ihnen anfänglich gegebene, nun aber ungehaltene und letztlich schon immer unhaltbare Forderungen und Versprechen.

Der weiterhin geltende pädagogische Anspruch an Schule und Unterricht

In diesem Buch sollen die Kritik an einer misslingenden Reform mit drei Fallstudien zu den zentralen pädagogischen Begriffen der Bildung, der Didaktik und der Erziehung belegt und die pädagogische Alternative einer Erziehung als Verstehen lehren begründet werden. Die Studien beziehen sich auf die vielleicht wichtigsten Reformbaustellen der gegenwärtigen Vergangenheit. Aus der immanenten Kritik der Maßnahmen lässt sich nicht nur erschließen, was hier falsch ins Werk gesetzt worden ist. Es wird auf diese Weise auch möglich, mit dem empirischen Tatsachenblick (also nicht bloß mit dem Austausch von bloßen Schlagwörtern und Postulaten) aufzuweisen, wie auf die eigentlich anstehenden Herausforderungen reagiert werden müsste. Das Misslingen beruht wesentlich darauf, dass die Maßnahmen keine Rücksicht auf die »Eigenstruktur des Pädagogischen« (so Herwig Blankertz 1982) von Schule und Unterricht nehmen. Was diese ausmacht, sei einleitend grundsätzlich näher erläutert und in den Kontrast zu den gegenwärtig gängigen Beschreibungen gebracht. Im Anschluss an die Fallstudien, die den zweiten bzw. den Hauptteil des Bandes ausmachen werden, soll abschließend exemplarisch konkretisiert werden, wie eine Reform der Schule und des Unterrichts erfolgen könnte, die nicht mit der Eigenstruktur des Pädagogischen bricht, sondern ihr erfolgreich zu neuer Geltung verhilft.

Der Titel des Bandes weist die Richtung der Auflösung des Unbehagens über den gegenwärtigen Zustand von Schule und Unterricht. In ihm werden die drei Zentralbegriffe der Pädagogik mit einer Behauptung zu den Bedingungen der Möglichkeit erfolgreicher Arbeit in Schulen zusammengefügt.

Mit der Schule als einer pädagogischen Einrichtung geht es zeitlich gesehen zunächst um die Erziehung der Kinder zu Schülern. Die sollen durch diese Erziehung zu einem Verhalten befähigt werden, das ihnen erlaubt, produktiv dem Unterricht zu folgen. Erziehung in der Schule hat, anders als die in der Herkunftsfamilie, sich allein auf die Aufgabe der Schularbeit zu beziehen. Diese lebt von der Fähigkeit des Lehrenden, das als allgemeine Bildung aufgebaute Weltwissen und Können mit geeigneten didaktischen Mitteln im Unterricht zu repräsentieren, es in Aufgaben für die Schüler zu übertragen und deren Bearbeitung und Verhandlung so anzuleiten, dass die Schüler die Inhalte sich auch tatsächlich aneignen können. Das erstrebte Können und Wissen lässt sich nur im Ausnahmefall mechanisch einüben. Lernen setzt vielfach das Verstehen des zu Lernenden voraus. Die Gegenstände des Unterrichts lassen sich nicht gänzlich auf das hin domestizieren, was mit ihnen operativ etwa in einer Klassenarbeit zu tun ist. Die Schüler stellen Fragen des Verstehens, solche zum Sinn, der Bedeutung und Funktion der Inhalte, wie umgekehrt die Inhalte gleichsam selbst Rückfragen aufwerfen nach dem Woher, Warum und Wozu. Damit überschreitet Unterricht den Vorgang einer reinen Instruktion, Unterricht stößt auf diese Weise vielmehr eine Bildungsbewegung an.

Erziehen heißt Verstehen lehren. Es verbindet als Formel alle drei Dimensionen. Mit ihr geht es nicht um die Arbeitsteilung in der pädagogischen Arbeit. Eine solche Arbeitsteilung, so lässt sich im schulischen Alltag beobachten, hat viel eher zur Folge, dass die Probleme verschärft werden. Erziehung findet zum Beispiel als Exkurs zum Unterricht, ja zunehmend außerhalb von ihm in »Trainingsräumen für prosoziales Verhalten« statt. Mit ihr wird auf den Mangel an erfolgreicher Erziehung für die Arbeit an der im Unterricht jeweils verhandelten Sache in der Regel hilflos durch Appelle und Drohungen reagiert. Das didaktische Verhalten dient nicht selten dazu, die Schüler bei der Stange des Unterrichts zu halten. Allzu häufig werden sie durch Entlastung verzogen, anstatt durch Ansprüche an die eigene Person herausgefordert. Die Anwendung von didaktischen Hilfsmitteln wird zunehmend übertrieben. Sie helfen dabei, ein Stundenpensum zu absolvieren. Sie organisieren, »was dran ist«, damit man es anschließend »gehabt hat«, als wäre es tatsächlich »durchgenommen« worden. Was verhandelt wurde, muss dabei gar nicht geklärt werden. Der mögliche Bildungseffekt, ein Verstehen der Sache, wird zum privaten Glücksfall eines Einsichtigen, er leitet nicht unbedingt das Vermittlungshandeln an. Für die Kür des Verstehens scheint angesichts des Pflichtprogramms nur selten Platz zu sein. Und auch die Schüler werden nicht mehr durchweg als interessiert, motiviert und befähigt zum gründlicheren Bearbeiten und Verstehen der Inhalte des Unterrichts angesehen.

Eine solche, letztlich resignative Aufnahme der pädagogischen Aufgabenstellung des Unterrichts lässt sich in unseren heutigen Sekundarschulen vielerorts feststellen (vgl. Gruschka 2009, 2013). In Haupt- und Realschulen, vor allem dort, wo diese sich als »Restschulen« empfinden oder als solche öffentlich wahrgenommen werden, ist die Verunsicherung über die Möglichkeit der Erfüllung des pädagogischen Auftrages am stärksten verbreitet. In Gymnasien ist er vergleichsweise weniger stark ausgeprägt: Lehrer fühlen hier stärker die Verpflichtung, zur Bildung beizutragen, und artikulieren diese Verpflichtung auch gegenüber den Schülern.

Zugleich zeigt die Analyse des realen Unterrichtsgeschehens, dass es für Resignation keine systematischen Gründe gibt. Sobald sich Erziehung sinnvoll und nachvollziehbar auf eine akzeptierte Aufgabe richtet, lässt sie sich als erfolgreiche beobachten. Sobald die Didaktik dazu dient, die Schüler in die Erkenntnis der Phänomene zu verwickeln, wird es sachlich und spannend im Unterricht. Die Vermittlung regelt sich gleichsam organisch als Bearbeitung der anfälligen Aufgaben zur Aufschließung und Beherrschung der Sache. Diese bewahrt und entfaltet ihre Faszinationskraft jenseits ihrer Didaktisierung. Sie stellt den Schülern die interessanten Fragen, fordert sie heraus, sich ins Verhältnis zu den Fragen, den Methoden und Erkenntnissen zu setzen, die ihnen bereits eigenen Mittel der Verstandestätigkeit und der produktiven Phantasie zu nutzen. Kurzum, es zeigt sich, dass Unterricht dann wirklich gut ist, wenn er Erziehung als »Lehren des Verstehens« organisiert.

Umso beunruhigender ist die Beobachtung, dass von diesen pädagogischen Dimensionen der Erziehung, der Didaktik (Lehren) und der Bildung in der gegenwärtigen Reform anscheinend bewusst überhaupt gar nicht die Rede ist – die Begriffe tauchen in den Modellierungen der psychologischen Lehr-Lernforschung nicht mehr auf (s. a. S. 36 f.) oder werden, wenn überhaupt, nur im missverständlichen und reduzierten Sinn genutzt. Erziehung etwa wird zum »Classroom Management« umgedeutet. Dies stellt eine nicht unbeträchtliche Verführung für angehende Lehrer dar, wird ihnen doch so suggeriert, sie trügen den Maßanzug statt den *Bluecolour* in der Klasse, und würden statt der schmuddeligen Disziplinierungsarbeit den »Lernbegleiter« und Arrangeur »adaptiver Lernumgebungen« spielen. Die Behauptung und Forderung »Erziehen heißt Verstehen lehren!« setzt damit an einem pädagogischen Problembewusstsein an, das es zuerst einmal wiederzugewinnen gilt.

Erziehung wird sowohl von Praktikern als auch von den Konzeptentwicklern[1] heute vor allem mit der Aufgabe der nachholenden Disziplinierung von Undisziplinierten in Zusammenhang gebracht. Entsprechend wird nach ihr paradoxerweise dort gerufen, wo Erziehung bereits gescheitert ist, weil Schüler nicht oder nicht richtig erzogen worden sind. Sie zielt nicht auf die Vermittlung des richtigen Verhaltens, sondern auf die kompensatorische Bekämpfung des bereits eingetretenen falschen abweichenden Verhaltens. Erziehung bekämpft in diesem Sinne den Verzogenen und der Erziehung sich Verweigernden. Wer scheinbar

1 Theoretiker, also Erziehungswissenschaftler, haben sich in den letzten Jahren so gut wie gar nicht mit Erziehung beschäftigt. Das rächt sich nun: Ratgeberliteratur hat Konjunktur. Die Mehrzahl dieser Werke richtet sich darauf, überforderten Erziehern wieder Mut zu machen, zu einer dirigistischen Erziehung zurückzukehren. Mut zur Erziehung bedeutet also vor allem Mut zur Disziplinierung. Theoretische Reflexionen, am besten solche, die empirisch geerdet sind, hätten im Gegensatz zu solchen Ansätzen die Aufgabe, die innere Logik der Erziehung aus- und freizulegen. Damit ginge es nicht darum, Erziehung letztlich wie eine Moral zu predigen, sondern im Wissen um ihre Funktions- und Prozesslogik vernünftig zu handeln und auf diese Weise Vernunft zu befördern (vgl. Oelkers 1992).

umsichtiger und klüger, wie etwa der ehemalige Praktiker Bernhard Bueb, das »Lob der Disziplin« (Bueb 2006) anstimmt und damit präventiv abweichendes Verhalten gleichsam im Keim ersticken will, muss hoffen können, dass die sanktionsbewehrte Durchsetzung von Verhalten durch Zwang irgendwann diesen Zwang deshalb überflüssig macht, weil er erfolgreich verinnerlicht worden ist. Wir können aber als Pädagogen wissen, dass nur die Einsicht in eine innerlich akzeptierte und eigenständig vollzogene Notwendigkeit zu Tugend und Vernunft frei macht, während Erziehung, die als Zucht inszeniert wird, ausschließlich fragile Anpassung und Wohlverhalten aus Angst nach sich zieht.

Erziehung ist insofern immer Selbsterziehung. Sie bedarf aber nicht nur der Bereitschaft der Person, sich selbst in die Pflicht zu nehmen, sondern immer auch einer als sinnvoll aufgefassten Aufgabe, um derentwillen man sich anstrengen will. Erst im Durchgang durch solche Aufgaben lösen sich die Tugenden von ihrem bloßen Mittelcharakter (als Sekundärtugenden) und gewinnen ihren eigenen humanen Wert. Wer sie von diesem Wert abstrahiert, als das gute Benehmen einklagt, muss mit dem Widerstand der Kinder und Jugendlichen rechnen. Sie reagieren auf diese Weise auf die Moralisierung ihres schlechten Verhaltens. Respekt gegenüber dem Lehrer definiert sich aber über die gemeinsame Aufgabe von Schülern und Lehrern und geht von dieser über auf die ganze Person. Die Schule ist Bildungsanstalt im Medium dieser Form der Erziehung. Ohne die übergreifende Aufgabe der Bildung bleibt sie bloß ein Zuchthaus. Das bedeutet für die jede Erziehung notwendig begleitenden Konflikte der Durchsetzung und der Übernahme der verlangten Verhaltensweisen, dass die Erziehung der Schüler immer transparent zurückgebunden werden können muss auf ihren Zweck, nämlich die Ermöglichung der schulischen Bildungsarbeit.

Didaktik wird heute gerne vor allem auf die inhaltsübergreifende, also auf die allgemeine Motivierung der Schüler zielende Methodik konzentriert. Sie folgt damit dem ursprünglichen Versprechen der Didaktik, mit ihrer Hilfe sei es möglich, ›rasch, angenehm und gründlich‹ alles zu lehren. Aber die auf Johann Amos Comenius (1592–1670) zurückgehende Dreiheit, die bereits gegen das zu Rasche und zu Einfache das Gründliche als korrigierenden Maßstab setzte, wird mit den didaktischen Modellen heute durchweg um das Gründliche gebracht. Wichtig erscheint vor allem die Aktivierung der Schüler sowohl bei der Problembearbeitung als auch bei der Darstellung von Lösungen. Den Schülern sollen Methoden des Lernens in der Weise vermittelt werden, dass mit ihnen alles leicht und angenehm gelernt werden kann. Es geht also anscheinend vor allem um die reibungslose selbstgenügsame Organisation der Lernarbeit, nicht aber um die Lösung der Probleme, die bei der Begegnung mit einer sachlichen Aufgabe entstehen. Didaktik löst sich auf diese Weise zunehmend in Lernselbstmanagement auf.

Indem sich dies vollzieht, werden nicht nur immer drastischer die Inhalte entsorgt, schwindet die sachliche Substanz, sondern es erfolgt auch eine Umerziehung der Schüler. Sie werden darauf gedrillt, anstelle von der fachlichen Sach- nun davon abgehobene Methodenkompetenz zu entwickeln, mit der sie auch jenseits fachlicher Einsichten Aufgaben der Informationsverarbeitung und Kommunikation erledigen können. Ihnen wird ein verantwortliches Verhältnis und eine neugierige Haltung zu den Inhalten des Lernens konsequent abgewöhnt. Erspart wird ihnen zugleich die Konfrontation mit den Schwierigkeiten, die die Inhalte bei ihrer begreifenden Erschließung bereithalten bzw. bereitgehalten hätten.

Demgegenüber besteht der pädagogische Sinn des didaktischen Handelns in der wechselseitigen Erschließung: der der Inhalte des Weltwissens und Könnens durch die Schüler wie deren Erschließung für die Schüler durch die Bestimmung einer die Sachen voll erfassenden und dennoch notwendig erst einführenden didaktischen Repräsentanz, wie zum Beispiel ein Text oder eine Aufgabe. Mit ihnen soll das Lernen so einfach wie möglich organisiert werden, ohne dass die Sache damit einfacher gemacht wird oder erscheint, als sie in Wirklichkeit ist. Nur an der Stelle, an der dies gelingt, müssen sich die Schüler durch Didaktik nicht um das betrogen fühlen, um dessentwillen sie angestrengt lernen sollen. Nur dann haben sie eine Chance, das Verstehen und Beherrschen einer Sache zu erleben, nur dann mündet Vermittlung in die fachliche Kompetenz des Schülers.

Der pädagogische Sinn der Schule als einer Institution, die sich vom alltäglichen Lebensvollzug bewusst distanziert und einen Schonraum bildet, wird erst dort voll erfasst, wo das reflexive Verhältnis des Heranwachsenden zur Welt zureichend mitbedacht wird. Die Welt wird in ihr zum Beobachtungs-, Interpretations-, Erklärungsfall. Vom Handlungsdruck von draußen befreit, kann hier nachgedacht, projektiert, spekuliert, untersucht werden. Es geht dabei um nichts weniger als um die Herausbildung eines sachlich möglichst weit und tief durch Einsichten entfalteten Ich-Welt-Verhältnisses. Das für diese Arbeit notwendige Handwerkszeug vermittelt der Unterricht, und der kritische Austausch über die Geltung von Aussagen und Urteilen wird eingeübt. Der Unterricht ist insofern vor allem die produktiv entdeckende Darstellung und Kommunikation über gemeinsame Sachverhalte. Er erlaubt die Erprobung von Wissen und Können, also das Lernen aus Fehlern. Schüler lernen vor allem durch die Beobachtung der im Unterricht ablaufenden Prozesse des Lehrens und Lernens. Keine Missgeburt ist ein Klassenunterricht, in dem der Lehrer spricht, in der Regel mit einem der Schüler, während die anderen schweigen, aber zuhören, was und wie verhandelt wird. Unterricht demonstriert, wie historisch rückbezogen Wissen generiert wurde, indem die Methoden der Wissenschaft exemplarisch vorgeführt werden. Neben die Objektivität der Inhalte und der Aussagen über sie, den Anforderungen, die die Sache stellt, tritt die Subjektivität der Schüler, mit der sie die Inhalte für sich bewerten, deuten und in die Kontinuität ihres Bewusstseins integrieren, etwa als Weltbilder, Aussagen über die eigenen Fähigkeiten oder als Urteile über Fächer.

Aus der Sicht der Pädagogik ist für diese Prozesse möglichst freier Wechselwirkung der schulische Unterricht entwickelt worden. Diese Prozesse lassen sich durch keine didaktische Engführung eliminieren, solange die Schüler sich für Inhalte interessieren und diese mit ihrem sachlichen Eigengewicht ihr Recht anmelden. Das überschießende Interesse und damit als Störung des Unterrichts schnell verdächtigte Bildungsinteresse ist nicht erst aus idealistischer Sicht tatsächlich das Salz in der Suppe. Ohne die Bildungsbewegung der Schüler kommt es im Unterricht schlicht zu nichts jenseits mehr oder weniger verzweifelter Abrichtung auf gefordertes Lernverhalten und leicht zu testendem Wissen und Können.

Die so beschriebene pädagogische Eigenstruktur des Unterrichts zielt auf die kompetente Urteilskraft der Schüler und in diesem Unterricht auf ihre Mündigkeit. Ob die Erzieher dies immer auch tatsächlich zugleich wollen, wissen und befördern, ist gegenüber der strukturellen Voraussetzung, der Bedingung seiner Möglichkeit und des Sinngehalts von Unterricht sekundär (Blankertz 1982, S. 306 f.). Die heutige Form des Unterrichtens ist nicht in einem idealistischen, sondern in einem empirisch geltenden, d. h. nachweisbaren Sinn durch dieses pädagogische Ziel bestimmt. Wir verstehen Unterricht erst dann zureichend, wenn wir erkennen, wie die genannten drei Dimensionen das Geschehen überhaupt motivieren, und zwar angefangen bei der Hausaufgabenkontrolle über die Lehrerfrage, das Experiment, die interpretierende Lektüre, die Einübung in Argumentation bis hin zur Leistungskontrolle. Dass aber Unterricht unter dieser unbedingten pädagogischen Zwecksetzung steht, bedeutet noch nicht, dass der Unterricht auch entsprechend eingerichtet wird, um seinen Zweck zu erfüllen. Kritik am Unterricht und die Entfaltung eines Reformprogramms der Schule müssten aber in jedem Fall hier ansetzen. Wissenschaftliche Reflexion hat dazu zu dienen, der Praxis zu helfen, sich ihres eigenen Zieles bewusst zu werden und dieses Ziel auch tatsächlich zu erreichen.

Die lebendige Arbeit einer Klasse an einer sachlichen Problemstellung setzt die Zulassung und Förderung der angestoßenen Bildungsbewegung voraus. Hierfür ist vergleichsweise wenig didaktischer Aufwand zu betreiben. Letztlich haben Lehrende und Schüler sich einfach konsequent den Problemen zu stellen und ihnen zu folgen, mit denen sie durch die Sache und ihre eingebrachten Zugänge jeweils konfrontiert werden.

Wirkungsmächtige Umdeutungen von »gutem Unterricht«

Die gegenwärtig dominierende Didaktik und Bildungsforschung hat an der Analyse der pädagogischen Dimensionen des Geschehens kein rechtes Interesse. Die Didaktiker trauen den Kollegen Praktikern nicht mehr allzu viel zu, sie sind mehr um deren Entlastung durch allerlei sogenanntes *teacher-proofed-pupil-food* bemüht. Sie wollen den Pädagogen die zuweilen bereits als schier unlösbar bewertete Aufgabe des Unterrichtens erleichtern. Schon über Jahre hinweg lässt sich ein »downgrading« der Ansprüche an didaktisches Handeln beobachten. Die Konzeptbildung dient dazu, die als Überhebung erkannten überkommenen Bildungsziele zu nivellieren, sei es durch einen handlungsorientierten, schülerorientierten, konstruktivistischen oder evolutionistischen Unterricht. Didaktik schlägt um in entgrenzte Didaktisierung und die Ersetzung der Vermittlung von etwas durch die Vermittlung von Techniken der Vermittlung. Hans Peter Klein hat das mit erdrückenden, oft durch ungläubiges Staunen oder Gelächter kommentierten Beispielen von Prüfungsaufgaben erfolgreich skandalisiert. Ihm gelang es freilich nicht, dass der Schrecken darüber die Verantwortlichen zur Umkehr veranlasst hätte (Klein 2016).

Scheinbar im Widerspruch zu solcher Nivellierung von Ansprüchen bewegt sich die Optimierungsstrategie der empirischen Lehr-Lernforschung. Mit ihr soll erreicht werden, was schon Comenius in seiner *Großen Didaktik* von 1657 versprach, dass der Lehrer nämlich weniger lehren muss und dennoch die Schüler mehr lernen. Diese Forschung setzt auf die Lernangebote, die den stärksten Anreiz zum Lernen besitzen. Sie sucht in einer hochkomplexen Wirklichkeit nach den entscheidenden Faktoren, die als solche die höchste »Praediktorqualität« für erfolgreichen, d. h. effizienten Unterricht besitzen sollen.

Im Kontrast zu meiner vergleichsweise schlichten, später hier exemplarisch plausibilisierten Annahme, dass Unterrichten vor allem bedeutet, erziehend das Verstehen zu lehren, stehen die gegenwärtigen Bemühungen von Didaktikern und pädagogischen Psychologen im Zeichen, den Lehrenden erst einmal zu erklären, was »guter Unterricht« überhaupt sei. Zumindest kurz soll auf diese, auf dem Lehrbuchmarkt nicht nur erfolgreiche, sondern geradezu mit einem Deutungsmonopol ausgestattete Literatur eingegangen werden.

Verwunderlich ist bereits, dass die Bestimmung dessen, was »guter Unterricht« sein soll, zu einem wissenschaftlichen Thema für Theorie und Empirie geworden ist. Zum einen steht normativ außer Zweifel, dass Unterricht in dem Maße gut ist, wie er möglichst allen Schülern all das beibringt, was legitimerweise von ihnen mit ihrer Bildsamkeit erwartet werden kann. Dass es um die Einheit von Wissen, Fertigkeiten (Kompetenz) und Verhalten geht, versteht sich ebenfalls von selbst. Nehmen wir noch die Vorstellung einer alles integrierenden Mündigkeit des Lernenden als Ziel hinzu, so ist der Erwartungshorizont abgesteckt.

Die Suche nach den Bedingungen für guten Unterricht richtet sich sodann auf die Faktoren des Geschehens, die jenes bewirken können sollen. Die von mir dafür vorgeschlagene Formel »Erziehen heißt Verstehen lehren« wird man bei Autoren wie etwa Andreas Helmke (2003) und Hilbert Meyer (2004) vergeblich suchen. Als erschiene so etwas als unterkomplex, wird zuerst einmal ausdifferenziert, was alles im Unterricht wirkt und was entsprechend methodisch beachtet werden muss, damit Lehren zum Ziel des Lernens führen kann.

Auf diese Weise wird bei Meyer demonstriert, wie erstaunlich vielfältig der Gegenstand sich darstellt. Er verspricht im Anschluss an die Lehr-Lernforschung, die Komplexität der Faktoren so zu ordnen, dass eine Konzentration auf das Wesentliche erfolgen kann. Sie besteht nicht von ungefähr auf einem Dekalog von zehn Merkmalen als »Kriterienmix«, doch dies verrät für sich genommen schon den Verzicht auf eine erschließungskräftige Theorie des Unterrichts und die Bescheidenheit eines *mixtum compositum*, mit quasireligiöser Ausstrahlung durch die heilige Zahl. Der Leser wird so nämlich vor allem auf einen Aufgabenkatalog eingestimmt: Er soll für eine klare Strukturierung des Unterrichts sorgen, einen hohen Anteil an echter Unterrichtszeit sicherstellen, ein lernförderndes Klima einrichten, für inhaltliche Klarheit sorgen, sinnstiftendes Kommunizieren organisieren, Methodenvielfalt gewährleisten, die Schüler individuell fördern, intelligentes Üben

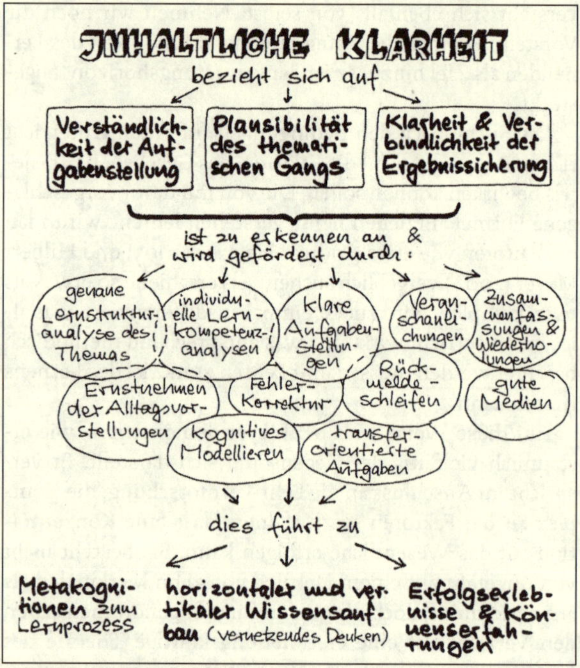

Hilbert L. Meyer: Was ist guter Unterricht?
© Cornelsen Verlag Scriptor, Berlin 2004. S. 57.

einrichten, transparente Leistungserwartungen herstellen und die Lernumgebung angemessen vorbereiten (Meyer 2004, S. 23 ff.). Alle Merkmale erscheinen als Postulate unmittelbar plausibel. Sie sind es auch deswegen, weil sie keine alternative Bestimmung zu formulieren erlauben: Unklare Strukturierung, verplemperte Unterrichtszeit oder sinnlose Kommunikation kämen ausschließlich als Negativbild in Betracht.

Meyer weiß, dass er es bei allgemeinen Postulaten nicht bewenden lassen darf, also erläutert er in seinem Buch zunehmend differenzierend, was man sich unter den Kriterien konkreter vorstellen soll. So wird schnell aus dem einen klaren Kriterium selbst ein Kriterienmix: Klare Strukturiertheit enthält so »Prozess-, Ziel- und Inhaltsklarheit; Rollenklarheit, Absprache von Regeln, Ritualen und Freiräumen«. Auch das ist erläuterungsbedürftig und wird dann auch entsprechend weiter ausgesponnen, so dass allein aus der »inhaltlichen Klarheit« nochmals ein Untermix aus 17 Kriterien wird.

Der Leser wird bei seinem Bedürfnis nach Klarheit damit bedient, dass ihm immer mehr Unterscheidungen angeboten werden, die leicht dazu führen können, eine konzentrierte Perspektive auf das Wesentliche zu verlieren und sich in der Welt der begrifflichen Unterscheidungen zu verlieren. Am Ende entsteht der Eindruck einer ungeheuren Komplexität und Vielfalt der Sache und der Unmöglichkeit, auf alles gleichzeitig achten zu können, was dennoch ebenso zeitgleich eingefordert wird. Letztlich geht es in solcher Herangehensweise nicht darum, eine empirisch gehaltvolle Vorstellung von den Bedingungen erfolgreichen Unterrichtens zu liefern, sondern eine akademische Übung möglichst vieler Unterscheidungen durchzuführen. Das Interesse daran festzulegen, auf was es eigentlich ankommt, schlägt um in die letztlich nur rhetorische und symbolische Ordnung des Vielseitigen. Hinter diesem Ansatz steckt das Bild eines Lehrers, der eine Vielzahl von Bällen gleichzeitig in der Luft halten kann und der das durch die Anweisung für eine Erfolg versprechende Ballauswahl dann auch leisten können soll.

Eine substanzielle Bestimmung dessen, was in der Wirklichkeit guten Unterricht ausmacht, entsteht auf diese Weise aber nicht, sondern nur eine komplexe Rezeptur, die nicht zu einem Gericht, sondern nur zu einer Sammlung von allgemeinen Ingredienzien und Verfahren führen kann. Dabei überwiegt das technisch Methodische des Unterrichtens bzw. die Vorstellung, man habe zuerst das allgemeine Handwerkszeug vorzustellen, bevor es an die eigentliche Arbeit gehen könne.

Demgegenüber ist es sinnvoller, von dem Problem auszugehen, das sich mit jeder Unterrichtsstunde in ganz einfacher und jeweils spezifischer Weise stellt. Der Lehrende will den Schülern einen bestimmten Gegenstand vermitteln. Er muss sich fragen, wie er in die wechselseitige Erschließung eintreten kann, bzw. ob er sich dem anvertrauen will, was ein Didaktiker vor ihm mit einem Unterrichtskonzept entworfen hat. Auf diese Weise wird mit einer positiven Hypothese begonnen, und alles Weitere ergibt sich aus der Arbeit der Klasse am Problem.

Weniger konstruktivistisch geht der zweite, äußerst erfolgreiche Autor bei der Modellierung »guten Unterrichts« vor. Der pädagogische Psychologe Andreas Helmke hat aus bestehenden soziologischen und psychologischen Entwürfen eine allgemeine Modellierung für Unterricht abgeleitet, die er das »Angebots-Nutzungsmodell« nennt (Helmke 2003, S. 42).

Das Etikett ist erklärungsbedürftig: Es erweckt den Anschein, als wäre Unterricht ein Gegenstand ähnlich den

Waren auf einem Markt. Die ökonomische Diktion ist jedoch nicht wörtlich zu nehmen, sie erscheint vielmehr als ›zeitgeistfühlig‹. Auch wenn Unterricht verstanden wird als ein Geschäft, in dem der Lehrer ein Angebot für das Lernen macht, das der Schüler mit seinen Aktivitäten nutzen soll, geht es hier doch viel eher noch um die Vorstellung einer spätbehavioristischen Relation von Reiz und Reaktion. Das Angebot des Lehrers ist der Reiz, die Nutzung besteht darin, wie am besten vom Schüler durch Lehren reagiert werden kann. Das Angebot besteht nach Helmke 2003 vor allem aus den Dimensionen der Lehrerpersönlichkeit und der Qualität des Unterrichts, die Nutzung lebt von den Mediationsprozessen auf Schülerseite, den Lernaktivitäten und führt dann zu bestimmten Wirkungen, die als Leistung gemessen werden können.

Helmke sieht zusätzlich noch einen Teil intervenierender Variablen vor, den er als »Klassenkontext« und »fachlichen Kontext« bezeichnet. Jede der Dimensionen wird ähnlich wie bei Meyer durch Unterscheidungen weiter ausdifferenziert. Bemerkenswert ist daran, dass das Unterrichtsmodell den Unterricht als die kommunikative Verhandlung der Inhalte zwischen Lehrenden und Schülern genauso wie die Spezifik der sachlichen Anforderung zu einer intervenierenden Variable erklärt (dürftig ausgedrückt im Klassenkontext und fachlichen Kontext), nicht jedoch zum Kern der Sache erhebt. Unterricht als Angebot ist das, was der Lehrer in den Unterricht einbringt, und das, was dadurch auf der anderen Seite beim Schüler ausgelöst wird. – Unterricht selbst wird also gerade nicht charakterisiert durch die gemeinsame Verhandlung der jeweiligen Inhalte. Man kann daran bereits erkennen, dass das Modell

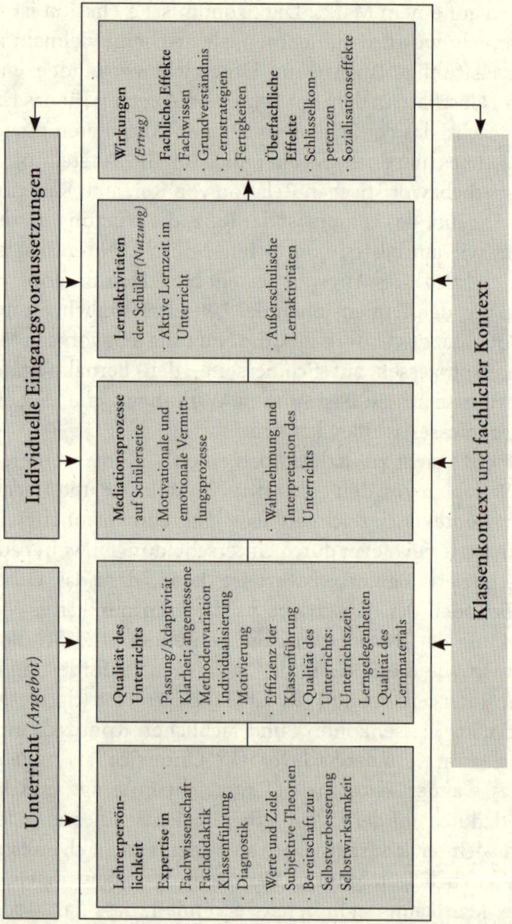

Angebots-Nutzungsmodell nach Helmke

wenig zu tun hat mit der Abbildung der organischen Struktur und Komplexität des Sachverhaltes »Unterricht«. Vielmehr wird Unterricht modelliert nach den Strategien der empirischen Unterrichtsforschung.

Mit dem Modell lässt sich dann eine beliebige Anzahl von Untersuchungen generieren, mit denen man die Zusammenhänge zwischen den Faktoren betrachten kann. Mithilfe des Schemas lässt sich schnell ein konventionelles Untersuchungsdesign entwerfen: Man nimmt die Eingangsdaten von Lehrern und Schülern auf, wendet sich dann der Qualität des Unterrichtsmaterials und den beobachteten Lernaktivitäten zu bzw. schätzt sie mittels »Ratings«, um am Ende mit Leistungstests abzufragen, inwiefern der Unterricht zu einem Kompetenzzuwachs geführt hat (vorher/nachher) und welchen einflussnehmenden bzw. intervenierenden Variablen hier welcher Wirkungsgrad beigemessen werden kann. Auf diese Weise kann man mit einem einfachen Wirkungsmodell Unterricht anscheinend bewerten. Fraglich ist aber, ob man dabei den Unterricht selbst verstanden haben muss. Tatsächlich wird hier nämlich mit einer Blackbox gearbeitet, in der das eigentliche Geschehen unsichtbar bleibt. Etwas anderes als allgemeine Rezepte, die aus dem empirischen Wirkungsmodell unmittelbar abgeleitet werden (das, was wirkt, ist zu berücksichtigen und gegebenenfalls zu verstärken), können von dieser Form der Annäherung nicht erwartet werden.

Es wird vielmehr ein technisches Modell der Optimierung versprochen, das jenseits des spezifischen Verstehens der Sache liegt. Vorstellungen von bestimmten Stellschrauben sollen entstehen, die gelockert oder angezogen werden müssen, damit sie bei immer gleich gegebenen Ausgangslagen die möglichst besten Wirkungen erzielen. Guter Unterricht ist demnach der, der wirkt. Betrachtet werden allein die Mittel, aber nicht die Zwecke, denn diese gelten ja als vorgegeben. Das innere Geschehen wird von außen in der Hoffnung beeinflusst, auf diese Weise auch irgendwie den unbekannten Kern der Sache zu treffen.

Diese Distanzierung vom je besonderen Fall und die Suche nach den statistischen Verallgemeinerungen nach Maßgabe einer jeden, Unterricht auf gleiche Weise erreichenden Modellierung führt dazu, dass nur ein sehr abstrakter Minimalkonsens darüber als Ergebnis herauskommen kann, was in der Vielfalt aller denkmöglichen Konstellationen aus Wirkfaktoren doch immerhin stärker wirkt als anderes. Zu nennen ist hier natürlich die Höhe der fachlichen und didaktischen Expertise, die Klarheit der Aufgabenstellung und des Klassenmanagements, die Zuwendung zum individuellen Schüler, auch das, was Meyer »intelligentes Üben« nennt. Sobald aber mehr an Rückschluss aus der Forschung verlangt wird, wird es unsicher. Am Ende kann man nur Tendenzen angeben, dass eher Methodenwechsel produktiv wirkt als Methodeneinfalt oder dass die Lernsachverhalte klar *und* anspruchsvoll sein sollen, nicht aber nur klar, denn in diesem Fall besteht die Gefahr, dass nicht Neues gelernt werden muss, weil ja alles schon zu Beginn klar ist. Die Schüler dürfen nicht unter- und nicht überfordert werden usw.

Bezeichnend für die Abgehobenheit der Modellierung ist schließlich, dass Helmke Unterrichten faktisch ohne jeden Rückgriff auf eine pädagogische Kategorie charakterisiert. Als Psychologie ersetzt er sie vollständig durch allgemeine psychologische Konstrukte: Unterricht wird damit zu einem Fall wie viele andere, in denen so etwas wie gewollte Verhaltensänderung zu beobachten sein soll. Indem aber das Pädagogische am Unterricht gar nicht mehr in den Blick gerät, verwundert auch nicht, dass die mit dem Pädagogischen gegebenen Problemstellungen nicht mehr auftauchen. Es ist auffällig, dass hier auf eine Heilung fehlgehender oder auch nur wenig wirkungsvoller Pädagogik abgehoben wird, indem das pädagogische Geschehen als solches abgeschattet wird. Es wird zu zeigen sein, dass damit letztlich keines der Probleme gelöst werden kann, die im Zusammenhang mit dem Unterrichten auftreten.

Helmke hat wohl auf die gegen ihn gerichtete Kritik mit verschiedenen Variationen des Modells reagiert (so 2007 und 2012) und dabei unfreiwillig und eigensinnig im Sinne von Meyer Ergänzungen vorgenommen: Zwar tauchen die Begriffe »Erziehung« und »Bildung« nach wie vor nicht bei ihm auf (wohl auch aus dem Grunde, weil ihm in Bezug auf diese Begriffe keine psychologischen Messinstrumente vorliegen), aber immerhin stellt sich für Helmke später die Frage nach den »pädagogischen Leitvorstellungen« eines Lehrers. Hinzu tritt im Modell so etwas wie die »Geduld« und der »Humor« eines Lehrers. Wer die durch Pfeile nahegelegten sachlogischen Zusammenhänge nachvollziehen will, die Helmke postuliert, wird freilich weiterhin auf allerlei Rätsel und Unstimmigkeiten stoßen. Dass dies System hat und dass dieses System darauf verweist, wie wenig es in dieser Form der Modellierung um logische und theoretische Substanz geht, wird am nun folgenden und für unseren Zusammenhang wesentlicheren Zusammenhang näher dargestellt: Es geht um den Kompetenzbegriff.

II. Einzeluntersuchungen über Probleme im Zusammenhang der Reform der Bildung, der Didaktik und der Erziehung

Die Umstellung des Unterrichts auf Bildungsstandards und Kompetenzmodelle als Verzicht auf Bildung als Verstehen

In der ersten Studie soll es um die Lektüre des Masterplans der gegenwärtigen Reform, der von Kultusministerkonferenz (KMK) und Bundesministerium für Bildung und Forschung (BMBF) gemeinsam bestellten *Expertise zur Entwicklung nationaler Bildungsstandards* gehen. Geprüft werden soll, was die Bildungsforschung am schulischen Unterricht auf welche Weise verändern will.

Einer der Ansatzpunkte für die Würdigung dieses Dokuments liegt im postulierten empirisch gesättigten Theoriegehalt des Projekts. Im Feld der Umsetzung der Forschung in die Praxis bzw. der Anwendung bei der Durchsetzung von Bildungsstandards lebt man bislang vor allem von normativen Ansprüchen und Versprechen, nicht jedoch von einer tatsächlich durchgeführten und hinterher evaluierten Praxis.[2]

2 Das, was wir aus den fortgeschrittenen Ländern durch empirische Untersuchungen über die Wirkung dieses Instruments der Evaluation wissen, gibt eher den Kritikern als den Propagandisten der Idee recht (vgl. etwa Draheim/Reitz 2005, Bellmann 2005, Rauin 2005, bezogen auf die empirische Kompetenzorientierung Heußner 2015, Nicolaidis 2015, Beier 2016).

Vor allem die Hoffnung, die man der *Expertise* entnehmen kann, nämlich im Wortsinne »Bildungsstandards« zu begründen, bietet Anlass für Reflexionen, die wiederum ohne Hilfestellung durch die Bildungstheorie in der üblichen Auflösung in eine bloße Pädagogik der Postulate sowie des »ungefähr Gemeinten« stecken bleiben dürften.

Die *Expertise* ist ein höchst interessanter, die aufmerksame Lektüre lohnender Text. Er gibt das von einer Gruppe um den Frankfurter Direktor des Deutschen Instituts für internationale pädagogische Forschung (DIPF) Eckhard Klieme verfasste Programmgutachten wieder, das Bund und Länder im Anschluss an den PISA-Schock in Auftrag gegeben hatten.

Die Liste der Autoren ist lang, neben Klieme und einigen der Mitarbeiter am DIPF, das die Organisation der *Expertise* übernommen hatte, trat der damalige Chef des IPN (Institut für die Pädagogik der Naturwissenschaften) und Koordinator von PISA 2003, Manfred Prenzel, auf. Hinzu kam der Bildungshistoriker und Politikberater Heinz-Elmar Tenorth aus Berlin. Letzterer war in Berlin maßgeblich an der nationalen Gründung eines IQB (Institut für Qualitätsentwicklung Berlin) beteiligt, das die Umsetzung der Standardisierung begleiten sollte.

Die Teile der *Expertise* sind nicht namentlich gekennzeichnet, dennoch werden die unterschiedlichen Handschriften, vor allem bei den konzeptionellen Teilen, deutlich. Zu beobachten ist ein Wechselspiel zwischen den Empirikern bzw. den beiden PISAISTEN mit dem allgemeinen Pädagogen in ihrem Kreis.

Nachdem die »Konzeption und Funktion« der Standardisierung aus der Perspektive der Bildungsforschung zusammengefasst wurden, wird in einem fünften Teil über die »Bildungsziele und Kompetenzmodelle« aus der Sicht der »Konstruktions- und Legitimationsprobleme« diskutiert und vor allem mit der pädagogischen Denkform argumentiert.

Damit diese Aussagen freilich operativ geerdet und auch mit der gängigen Denkform der pädagogischen Psychologie kompatibel bleiben, folgt mit einem sechsten Teil eine einschlägige Konkretisierung der »Kompetenzmodelle aus pädagogisch-psychologischer Sicht«. Schon bereits diese Titelformulierung kann man als Indiz dafür lesen, dass die *Expertise* keineswegs einen Weg gefunden hat, das Programm der angewandten Bildungsforschung als Aufhebung der Gegensätze zwischen Bildungstheorie und pädagogischer Psychologie zu konzipieren.

Im fünften Teil wird versucht, Bildungsstandards mit der pädagogischen Denkform in Verbindung zu bringen. Nach einer Antwort auf fingierte, von vornherein zu erwartende Gegenargumente gegen das Konzept der Bildungsstandards (genannt werden die Reduktion der Bildung auf das Standardisierbare, übermäßige Vereinheitlichung des schulischen Lernens und Nivellierung der Ansprüche durch einen Mindeststandard oder die fehlende politische Legitimation für die Planung) und einem Exkurs zum Problem der Begründungsfähigkeit von Bildungszielen in der modernen Gesellschaft kommt der Autor zu pragmatischen Antworten, deren Überzeugungskraft er vor allem in den »kulturellen Selbstverständlichkeiten« und dem faktischen »Konsens über Basisfähigkeiten« begründet sieht. Aber damit bleibt der Autor primär bei der Rechtfertigung der Wirklichkeit und der Rechtfertigung dessen, was er propagieren will, gegenüber möglichen Kritikern stehen. Er ist noch nicht bei der Sache selbst. Indes ist der Umweg über die Kritik an der antizipierten Kritik bezeichnend: Die Kritiker haben – so unser Autor – letztlich auch deswegen unrecht, weil die Sache, die sie kritisieren, nicht viel mit der Sache zu tun hat, die er betreibt. Die Kritik schrumpft zu bloßer Bedenklichkeit: Bildungsstandards werden weder Bildung reduzieren noch Unterricht anders ausrichten, als es die Schule mit ihren Plänen immer schon tut. Einen gesellschaftlichen Dissens über den Inhalt der Standards mag der Autor schon wegen des latenten Konsenses, der über diese besteht, nicht anzuerkennen. Aber die eigentliche Pointe der Kritik an der Kritik lautet anders: In der Reform nämlich wird, so die Studie, letztlich das meiste dessen aufgehoben, was die Kritiker zur Kritik motiviert. Es geht nämlich mit den Standards um deren ureigenste Sache, nämlich um Bildung: An keiner Stelle dieses Teils wird diese durch die *Expertise* betriebene Zusammenführung von Bildungstheorie und Bildungsstandards und Kompetenzmodellen so deutlich wie im Folgenden:

> »Kompetenzen beschreiben aber nichts anderes, also solche Fähigkeiten des Subjekts, die auch der Bildungsbegriff gemeint und unterstellt hatte: Erworbene, also nicht von Natur aus gegebene Fähigkeiten, die an und in bestimmten Dimensionen der gesellschaftlichen Wirklichkeit erfahren wurden und zu ihrer Gestaltung geeignet sind, Fähigkeiten zudem, die der lebenslangen Kultivierung, Steigerung und Verfeinerung zugänglich sind, so dass sie sich intern graduieren lassen, zum Beispiel von der grundlegenden zur erweiterten Allgemeinbil-

> dung; aber auch Fähigkeiten, die einen Prozess des Selbstlernens eröffnen, weil man auf Fähigkeiten zielt, die nicht allein aufgaben- und prozessgebunden erworben werden, sondern ablösbar von der Ursprungssituation, zukunftsfähig und problemoffen« (Klieme 2003, S. 65).

In der Behauptung, »Kompetenzen beschreiben aber nichts anderes« als die Befähigung durch Bildung, wird beruhigend erklärt, dass eine gravierende semantische Differenz zwischen dem humanwissenschaftlichen Konstrukt »Kompetenz« und der klassischen philosophischen Reflexionsform »Bildung« von der Sache her gesehen gar nicht bestimmt werden kann. Kompetenz ist demnach nichts anderes als das, was auch die Bildungstheorie »gemeint und unterstellt« hat.

Während noch die theoretisch zurückgebliebene empirische Bildungspolitik oder so manche pädagogischen Psychologen nicht wissen, was sie mit diesem Nebulosum-Numinosum »Bildung« anfangen können und den Begriff operativ meiden, weil sie dessen wissenschaftlich gebotene Operationalisierbarkeit vermissen und sie schon deswegen wissenschaftlich zur Kompetenzforschung greifen müssen, die sie freilich (warum eigentlich?) »Bildungsforschung« nennen, erklärt die *Expertise*: Alles ist nur ein Missverständnis! Es gibt eine unbemerkt gebliebene Konvergenz der Denkformen: Während die fortgeschrittene pädagogische Psychologie immer anspruchsvoller auf das Lernen als Kompetenzerwerb blickt, tendiert jede sachhaltige und subjektbezogene Beschreibung von Bildung hin zur Auszeichnung von Kompetenz. Im Kern ist Kompetenz nicht etwa nur anschlussfähig an Bildung, sondern sie ist »*nichts* anderes« als Bildung: Logisch gesprochen sind beide damit identisch. Man hatte dies bislang vor lauter Abgrenzungsbedürfnis nur noch nicht erkannt.

Das ist schon deswegen eine gewagte These, weil so getan wird, als ob entgegen aller Vielfalt der theoretischen und empirischen Modellierungen aus den diversen Disziplinen wie der Philosophie, Pädagogik, Linguistik oder Psychologie – die nicht selten ihre gegenseitige Unverträglichkeit behaupten – die Konstrukte »Kompetenz« und »Bildung« sich im Kern nicht unterscheiden sollen.

Kompetenzen »beschreiben« (also analysieren nicht, sondern fassen auf, machen verfügbar) solche Fähigkeiten, die der Bildungsbegriff eigentlich gemeint, aber leider nicht ausgesprochen und entsprechend operationalisiert hat. Bevor eine derartig seltsame Vereinnahmung diskutiert wird, sei eingeräumt: Diese Aussage kann nur deshalb riskiert werden, weil sie auf den ersten Blick einige formale Bestimmungen enthält, mit denen in der Tat Grundannahmen und Beobachtungen mit den verschiedenen Theoretisierungen oder Modellierungen in Übereinstimmung gebracht werden können.

Ein Beispiel: Wer wollte bezweifeln, dass sich ein Subjekt an der Welt durch den Erwerb von Gestaltungsmöglichkeiten *bildet*, und indem es das tut, zum Beispiel Schemata oder Deutungsmuster aufbaut, die *kompetentes* Problemlösen einschließen? Nicht erst die Psychologie der Lebensspanne hat festgestellt, dass dieser Prozess lebenslang andauert und zu selbst immer weiter steigerungsfähigen Ergebnissen führt. Erfolgreicher Kompetenzaufbau wie auch Bildung sind vielfach an »Selbstlernen« gebunden (gemeint ist damit vielleicht selbstbestimmtes Lernen und Selbstreflexion, denn Fremdlernen wäre genauso unsinnig wie Nichtselbstlernen). Dass uns Kompetenzen erlauben, offene unvorhersehbare Situationen zu deuten und Aufgaben zu lösen, verdankt sich ihrem durchweg unterstellten generativen Charakter und damit einer regelgeleiteten Tiefenstruktur des Könnens. Kochen, ohne die Kompetenz dazu, vermag man nur, wenn man unter Befolgung eines Rezeptes nichts mehr falsch machen kann. Das kommt aber selten vor. Kompetenzen sind also nicht an einen bestimmten Aufgabeninhalt und eine entsprechend eng geführte Anwendung gebunden, sondern erlauben vielfältige Lösungen und verlangen damit abwägende Entscheidungen. Das haben sie mit Bildung sicherlich gemeinsam, da sich diese in der Annahme und Lösung solcher offener Situationen und Aufgaben bevorzugt als fortschreitende Bewegung des Subjekts aktualisiert. Man kann in der Tradition der Entwicklungspsychologie Jean Piagets (1896–1980) von Kompetenzen auch in dem Sinne sprechen, dass sie entsprechend der jeweils neu gestellten Aufgaben über sich selbst hinausverweisen, dass sie nämlich zur Bildung neuer leistungsstärkerer Fähigkeiten tendieren. Gerade in diesem Punkt beweist sich gemeinhin ein Bildungsprozess.

Indem der Autor der *Expertise* von der Zugänglichkeit zur Steigerung der Fähigkeiten spricht, vermeidet er aber sowohl einen ontogenetischen (d. h. entwicklungseigenen) als auch einen pädagogisch zu bewirkenden Automatismus. Man kann sie im doppelten Sinne entwickeln, nämlich zum einen selbsttätig und zum andern unter Hilfestellung von außen.

Mit diesem skeptischen Optimismus lässt sich an einen traditionellen Vorbehalt gegenüber einer unbegrenzten und allgemeinen Herstellbarkeit von Bildung anschließen. Die klassische Denkform unterstellte einen Möglichkeitshorizont und ein Ideal, das vielfältige Gradierungen seiner Umsetzung nahelegt. Ihre Individualitätsthese besagt, dass die gemeinsame Welt mit »Totalität« und »Universalität« von Inhaltsbereichen und Wertmaßstäben sich in einer qualitativ und quantitativ unterschiedlichen Bildung subjektiviert. Kompetenzmodelle suchen das abzubilden. Das Schulsystem operationalisiert es als synchrone wie diachrone Differenz von grundlegender und erweiterter Allgemeinbildung (etwa als gegliedertes System von Schulformen). Zugleich lässt sich »Steigerung« sowohl mit den aufsteigenden Kompetenzerwartungen und dem schulischen Gebot der formalen Chancengleichheit als auch mit dem Angebot zum Lernen kompatibel machen. Dementsprechend kann nach der *Expertise* wiederum besser durch den Prozess der Bildungsstandards als mit den althergebrachten reinen Formen der Postulate-Pädagogik entsprochen werden.

Die an die Bestimmung von Universalien erinnernde Definition der Kompetenz-Bildung nennt nur Bedingungen der Möglichkeit, ohne die Möglichkeit der Bedingungen mit anzugeben. Das konnte sich Piaget mit einer starken Theorie der Ontogenese partiell, Lawrence Kohlberg (1927–1987) schon nicht mehr erlauben. In unserem Fall jedoch liegen – wie die Autoren der *Expertise* selbst betonen – fast keine empirisch geprüften Modelle über die Entwicklung von Kompetenzen vor. Es wäre schön, wenn die Stufung der Sachanforderungen der Entwicklung des Subjekts entspricht, aber um solches wissenschaftlich und nicht bloß intuitiv zu begründen, ist viel Grundlagenforschung notwendig, auf deren Ergebnisse die Bildungspolitik nicht warten wolle und könne.

Weil das aber so ist, werden die möglichen Bedingungen für die Bestimmung der Kompetenzen und ihrer Stufung für diese selbst essenziell, soll mit ihnen nicht nur die Einheit von Wirklichem (also dem von Lehrern herausgeforderten, von PISA vermessenen und in Standards Ausgegossenen) und Gewünschtem behauptet werden. Die Aussage der *Expertise* ist damit klassisch pädagogisch: Sie ist normativ und bloß als Erwartung empirisch. Irgendwie so muss es sein, denn wie sollte man es auch anders denken?

Auf der Suche nach Essenz macht die *Expertise* (implizit) Unterschiede, etwa dann, wenn sie negative Abgrenzungen zu anderem und weniger als ›Kompetenz-Bildung‹ möglich macht, etwa im Fall der mechanischen Lösung entsprechend standardisierter trivialer Aufgaben mithilfe gelernter Routinen oder der frühen Stagnation des Ich-Welt-Verhältnisses. Kompetenz ist also eine Handlungsdispositionen eröffnende, nicht aber sie ausschließende Fähigkeit.

Spätestens hier beginnen aber Verständnisfragen. Ich stelle sie in drei Anläufen:

(1) Wie unterscheidet man aber Kompetenz von weniger ausgeprägter Fähigkeit?

Bedeutet die angebotene Definition nicht: Kompetenzen liegen dann eigentlich nicht mehr vor, sobald sich ein Subjekt nicht mehr auf den Sinn der gestellten Aufgabe beziehen kann und stattdessen bloß auf ein Können zurückgreift, das ihm zur Bearbeitung der Aufgabe einfällt? Was ist dabei Kompetenz, was Inkompetenz? Und lässt sich diese Kompetenz, wenn man sie nicht bloß als Scheitern »beschreiben« will, anders als in der Form von Kompetenzen rekonstruieren? Angenommen, dass ein Schüler in der PISA-Aufgabe allein auf Grundschulniveau rechnet? Verfügt er dann sowohl über Kompetenzen als auch nicht über sie? Genauer: Welche Beschreibung einer bestimmten Fähigkeit ist angemessen, wenn Schüler (wie etwa bei den meisten empirischen Lösungen der PISA-Aufgaben) bloß Rechenroutinen anwenden – wie geht das ohne Kompetenzen? Was ist an dieser Routine Kompetenz und was Inkompetenz? Während 8-Jährige im überschaubaren Zahlenraum ganzer rationaler Zahlen in der Regel korrekt addieren oder subtrahieren, zeigen sie Kompetenz, was dann bei den 13- bis 14-Jährigen nicht mehr der Fall ist? Zeigen diese bloß keine Bildungsbewegung und -bemühung »an und in« der neuen Aufgabe? Hat sich der scheiternde Schüler bei seinem Versuch nichts gedacht (im Sinne der einfachen oder anspruchsvolleren Modellierung) und entsprechend keine Bildungsbewegung durchlaufen? Oder hat er vielleicht doch eine Bildungsbewegung durchlaufen, aber eben eine, die nicht zum Ziel geführt hat, weil ihm die zureichende technische Regelbeherrschung (also die mechanische Kunst ihrer Anwendung, das nichtkompetente Können) fehlte? Indem allein der Erfolg bei der Lösung der Aufgabe gemessen wird, gerät jede abweichende subjektive Bildungsbewegung aus dem Blick.

An dieser Stelle zeigt sich ein grundlegendes Problem: Für das Verstehen reichte auch der Rückgang bis zu der niederen Kompetenz nicht aus, die Fähigkeit beschreibend einzuordnen, jene Fähigkeit nämlich, welche erlaubte, die leichtere Aufgabe immerhin noch vollständig zu lösen. Auf den Punkt gebracht bedeutet dies: Für die Zurückgebliebenen wird das Kompetenzmodell faktisch zum Inkompetenzmodell, oder: »Friss oder stirb!«

Mit solchen Rückfragen löst sich das überraschend Erschließende des Analogons von Kompetenz und Bildung auf. Die Bildung des Subjekts bleibt wie gehabt im spekulativ Verborgenen, und es bleibt nur eine Testierung unterschiedlicher Fähigkeiten übrig, die man gegebenenfalls hierarchisch ordnet, weil etwas als sachliche Voraussetzung für etwas anderes ausgegeben werden kann: Erst kommt das Rechnen auf Grundschulniveau und dann die einfache Modellierung! Das ist im Vergleich mit der erfahrenen Wirklichkeit des schulischen Ablaufes, nicht aber schon als Explikation von Kompetenz plausibel. Modellierung findet nämlich schon in der Grundschule statt, wie bloßes Rechnen in der Sekundarstufe bei anspruchsvolleren Aufgaben.

(2) Wie kann man Kompetenzen als gegebene Strukturen steigern?

Schwierig wird es auch, sobald man versucht, sich etwas Konkreteres unter der Steigerung von Bildung/Kompetenz vorzustellen. In welcher Weise und in welcher Richtung soll sich Steigerung vollziehen? Kompetenzen verweisen zuerst einmal auf das Nötige, also eben auf das, was man benötigt, um ein Problem zu lösen. Eine halbe Kompetenz, guter Wille ohne Können oder blinder Einsatz von Können nach dem Prinzip von Versuch und Irrtum helfen oft nicht weiter, und zwar selbst dann nicht, wenn man sich dabei etwas im Sinne einer Bildungsbewegung gedacht hat. Der Schüler hat mehr als bloß falsch gerechnet, er wusste nicht, wie er diesen Fall eines Aufgabentyps bewältigen konnte. Man hat die Fähigkeit, solche Aufgaben zu lösen, oder man hat sie nicht (sehen wir mal von Tagesform oder der kreativen Lösung einer Aufgabe ab). Einem Anfänger in der Kunst des Ruderns, dem sagt der Trainer im Frankfurterischen, er »pöddele« noch, er rudere nur mit, ohne schon tatsächlich rudern zu können. Sobald er alle Bewegungsparameter beherrscht und sie synthetisierend synchron bzw. nacheinander umsetzt, beherrscht er die Aufgabe. Und auf dieser Basis steigert er, wenn er immer besser wird, nur noch die performative Umsetzung der bereits erworbenen Kompetenz, nicht aber diese Kompetenz selbst. Eine Steigerung der Kompetenz ist eher durch deren Neu- oder Umbau denkbar. Aber dabei handelt es sich dann nicht mehr um die beschriebene Kompetenz, die immanent gesteigert wird, sondern um eine andere, neue Kompetenz.

Hier zeigt sich das Problem, dass man Kompetenz ohne eine Theorie der Kompetenzentwicklung schlecht intern als Stufenmodell einteilen bzw. gradieren kann. Will man ein Modell nicht von außen (im Sinne einer Evidenz beanspruchenden Beschreibung vom Einfachen zum Schweren, vom Mechanischen zum Bewussten, also ähnlich wie die Stufen des Rechnens auf Grundschulniveau, der einfachen Modellierung nach PISA) setzen, muss man das Modell von innen heraus rekonstruieren. Damit sind wir aber zugleich wieder bei der Bildung des Subjekts und dessen Eigensinnigkeit angelangt. Der Bildung des Subjekts hätte die Beschreibung der sich dabei zeigenden Kompetenzen zu folgen. Ohne empirische *Bildungs*theorie gibt es nur normative Kompetenzmodelle (selbst dann, wenn es sich um empiristische nach einem Testmodell handelt).

(3) Wie verhalten sich Verfeinerung und Kultivierung im Vergleich zur Steigerung?

Im Sinne der These zu Beginn dieses Abschnitts wird die Semantik der Verfeinerung und der Kultivierung (Bildung) mit der der Steigerung (Kompetenz) gleichgesetzt. Leider bleiben die konkreten Gestalten, die der Kompetenzerwerb als Bildung annehmen kann, außerhalb der Bestimmungen der *Expertise.* An der entsprechenden Stelle werden nur die bekannten PISA-Gradierungen wiederholt.

Insofern ist es unwahrscheinlich, dass der Autor der *Expertise* eine Typologie der qualitativ differierenden Formationen im Blick hat, wie sie etwa Theodor W. Adornos (1903–1969) Musiksoziologie entwickelt, d. h. ein physiognomisch beschriebenes und zugleich soziologisch erklärendes Muster der An- und Zueignung der Musik durch das rezipierende Publikum. Mit einem solchen Modell könnte man zugleich Steigerung, Kultivierung und Verfeinerung skalierend quantitativ wie strukturlogisch qualitativ greifbar machen.

Auch hatte der Autor der *Expertise* nicht Modellierungen des Aufeinandertreffens einer Bildungsbewegung mit einer gestellten Aufgabe im Blick, für deren Lösung man Kompetenzen auch entsprechend einer bestimmten Motivierung benötigt, die als Bildungsinteresse beschrieben werden kann. In einem solchen Fall würde es nämlich um die Lösung von Entwicklungsaufgaben gehen, die als krisenhafte Ausgangssituation das Subjekt herausfordern, sich an einer objektiv gestellten Aufgabe zu bewähren und dabei sich selbst mit Fähigkeiten zu beweisen.

Bei einer Kultivierung muss es wohl um mehr als bloß um einen quantitativ messbaren Zuwachs gehen, vielmehr anstelle dessen um so etwas wie eine tiefere Einsicht in einen Sachverhalt, einen nicht zufälligen, sondern gezielt differenzierenden Ausbau der Register von Ausdrucksmöglichkeiten (also um eine Verfeinerung), eine gewachsene Urteilsbasis und -sicherheit, also um ein Wissen um die möglichen Begründungen für das gewählte Tun, nicht zuletzt also um die Ausweitung bzw. Extension des sachlich Fachlichen um ergänzende »Modi der Weltbeherrschung«. An dieser Stelle sind wir bei einer Einheit von Kompetenz und Bildung durch nachkonstruierendes Verstehen angelangt, wie sie Martin Wagenschein (1896–1988) vielfach für Schüler der Sekundarstufe I im Medium von Aufgaben der Mathematik und Physik beschrieben hat.

Aber weder diese noch andere weitere denkbare Konkretisierungen des Zusammenhanges von Kompetenz und Bildung finden wir in der *Expertise.* Anstelle dessen wird einzig auf das Kompetenzmodell von PISA hingewiesen, das erlauben soll, Basisfähigkeiten graduiert zu bestimmen und formal und inhaltlich bestimmte Selbstverständlichkeiten eines operativen Vermögens von erfolgreichen Sekundarstufe-I-Schülern auszuweisen. Dabei wird auf eine Logik des Aufbaus fachlicher Fähigkeiten abgehoben, die als eindeutig zureichend verstanden wird, wiederum etwas, was die Schulpraxis und der Lehrplan intuitiv immer schon kannten und aus diesem Grund Unterricht entsprechend ausrichteten.

Als Abwehr gegen die hier formulierten Rückfragen ließe sich aus der Sicht der *Expertise* antworten, dass hier mit Kanonen auf Spatzen, mit Bildungstheorie auf Bildungspolitik und -reform geschossen werde. Die Tatsache, dass erst gar nicht versucht wurde, Bildung als Kompetenzerwerb von der Logik der differierenden Aneignung oder gar Zueignung verschiedener schulischer Inhalte aus zu konstruieren, hänge eben mit der eingeschränkten Funktion zusammen, die die Reflexion auf das Zugleich von Bildung und Kompetenz in der *Expertise* letztlich begründe.

In der Tat geht es in der *Expertise* nicht um eine Rekonstruktion der Bildung als Kompetenzentwicklung, auch wenn dergleichen zwecks Aufwertung der entsprechenden Bildungsforschung wiederholt beansprucht oder zumindest als wünschenswert herausgestellt wird, sondern um die Begründung von Bildungs*standards*. Diese verlangen nach einer Form der Bildung, die sich in der Form von festgelegten Vorgaben für alle Schüler beschreiben lässt. Damit wird nicht das alternierende »Wie«, sondern das einheitliche »Was« der schulisch vermittelten Kompetenz bedeutsam. Und dieses Was wird immer an dem erwarteten Maßstab des Erfolges gemessen. Eigentlich benötigt man zu diesem Zweck nur eine Output- oder Zielgröße, die die Schüler erreichen oder eben nicht erreichen. Die Tatsache, dass gleichwohl mit Stufen operiert wird, hängt wohl damit zusammen, dass auf diese Weise inhaltlich etwas über das massenhaft zu erwartende Nichtvermögen ausgesagt werden kann. Die Stufen unterhalb des angestrebten Standards liefern Angebote, das Misslingen zu erklären. Der PISA-Schüler schafft die Pyramiden-Aufgabe nicht, weil ihm für die Lösung des Problems als Werkzeug nur Rechnen auf Grundschulniveau zur Verfügung steht. Aber nur derjenige, der als Kompetenz das begreift, was er als Input misst, kann behaupten, dass damit seine Stufe der Kompetenz bereits erschlossen wäre.

Dass dieser Reduktionismus bereitwillig als Form der Aussage über das Ergebnis schulischen Lernens akzeptiert wurde, folgt nicht einfach aus der leichten Kommunizierbarkeit der Formel »Rechnen auf Grundschulniveau!«. Jeder glaubt hier wie dort zu wissen, was eigentlich gemeint ist, weil er es mit seinen vorhandenen Universalerklärungen in Einklang zu bringen vermag. Er folgt also der These, dass auf diese Weise eine Kompetenzstufe erkannt worden sei, nicht einfach aus der Unkenntnis über mögliche bildungstheoretische Einsichten in die Differenziertheit des Vorganges, sondern aus einer bereits erfolgreich vorbereiteten Form des Urteils und einer Konzeption der Bildung als Allgemeinbildung.

Mit dem Konstrukt der Allgemeinbildung ist die neue Figur der Standards nicht bloß vermittelbar. Man kann dem Autor der *Expertise* vielmehr recht geben, dass es sich lediglich um zwei verschiedene Weisen der Bestimmung desselben handelt. Traditionell sammelt Allgemeinbildung das für alle wünschenswerte »domänenspezifische« Wissen und die entsprechenden Fertigkeiten. Bildungsstandards sollen nun in der strukturell bestimmten Breite der für die Inhalte erforderlichen Kompetenzen ausweisen, was möglichst alle verinnerlicht haben sollen. Man legt die Standards dabei freilich nicht unbedingt so aus, dass alle sie realistischerweise erreichen werden. Obwohl man von Mindeststandards ausgeht, rechnet man damit, dass manche Schüler sie unterbieten werden. Das Minimum bleibt eines der fachlichen Erwartungen an »Leistungsdispositionen«, es ist nicht eines der tatsächlichen Leistungen. Das geht wohl auch nicht anders, wollte man nicht den Lahmsten zum Maßstab für die Geschwindigkeit der Truppe erheben. Man kann also lediglich behaupten, mit den Standards werde die Allgemeinbildung realistischer gefasst und damit überprüfbar.

Indem die *Expertise* auf diese Weise Bildung als Allgemeinbildung und Kompetenz als Leistungsdispositionen und »Kulturwerkzeuge« in bereichsspezifischen Domänen konkretisiert hat, kann sie abschließend ein zusammenfassendes Bild des Ganzen entwerfen. Kompositorisch bietet sich hierfür ein Modell an, das die beiden Bezugsgrößen als eine zusammenhängende Einheit auszudrücken vermag. Die Basisfähigkeiten der Allgemeinbildung verweisen auf Inhaltsbereiche und auf ebenso basale Kompetenzbereiche. Hierfür wird Bildung objektivistisch und Kompetenz subjektivistisch gefasst. (Es ginge wohl auch andersherum mit objektivierender Qualifikation in der Kompetenz und Modi der Aneignung und Zueignung in der Bildung.) Die *Expertise* fasst diesen Zusammenhang nicht durch ein eigenes Modell, sondern übernimmt eine Skizze Jürgen Baumerts.

Baumert liefert eine bemerkenswerte Kreuztabelle, die vier basale Sprach- und Selbstregulationskompetenzen mit fünf Modi der Weltbegegnung (als kanonisches Orientierungswissen, d. h. also als Bildung) kombiniert. In die sich daraus ergebenden 20 Felder der Tabelle, so legt es das Schema zumindest nahe, ließen sich nun die Bildungsstandards eintragen. Auf diese Weise wären »allgemeine Bildungsziele zu formulieren«, die nicht ähnlich unverbindlich bleiben müssen wie die Vortexte zu den Lehrplänen.

Modi der Weltbegegnung (Kanonisches Orientierungswissen)	Basale Sprach- und Selbstregulationskompetenzen (Kulturwerkzeuge)				
	Beherrschung der Verkehrssprache	Mathematisierungskompetenz	Fremdsprachliche Kompetenz	IT-Kompetenz	Selbstregulation des Wissenserwerbs
Kognitiv-instrumentelle Modellierung der Welt Mathematik Naturwissenschaften					
Ästhetisch-expressive Begegnung und Gestaltung Sprache/Literatur Musik/Malerei/Bildende Kunst Physische Expression					
Normativ-evaluative Auseinandersetzung mit Wirtschaft und Gesellschaft Geschichte Ökonomie Politik/Gesellschaft Recht					
Probleme konstitutiver Rationalität Religion Philosophie					

Grundstruktur der Allgemeinbildung und des Kanons in Anlehnung an Baumert (Klieme 2003, S. 68).

Vielmehr sind, so die Hoffnung, mit ihrer Kreuzung durch Kompetenzen »bereichsspezifische Leistungserwartungen« systematisch begründbar. Es fehlt freilich noch etwas, das dieses Strukturgitter für den Zweck erst handhabbar machen würde, nämlich die entwicklungsbezogene bzw. schulbezogene Graduierung als dritte Dimension, so dass eine Standardisierung für die Grundschule genauso möglich wird wie eine anschließende für die Sekundarstufe I usw. Das Schema selbst liefert hierfür jedoch keine Anhaltspunkte. Da mit ihm aber augenscheinlich keine neue Theoriedebatte ausgelöst werden soll, muss auf das Bewährte und Legitimierte zurückgegriffen werden, also auf die curricularen Selbstverständlichkeiten der bundesdeutschen Lehrpläne. Diesen müssten dann aber noch die »domänenspezifischen Selbstregulationskompetenzen« abgerungen werden. Mit dieser Aufgabe sollen die nachfolgenden Gremien beauftragt werden – was sie inzwischen in Ausschnitten durch KMK-Arbeitsgruppen und die entsprechenden, von diesen gefassten Beschlüssen, getan haben.

Bleiben wir aber noch etwas bei dem Schema und unserer Frage nach der Einheit von Bildung und Kompetenz: Schaut man etwas genauer hin, zeigt sich, dass die Illustration unfreiwillig das ungelöste Vermittlungsproblem deutlich macht. Es fällt nämlich schwer, die Felder sinnvoll zu füllen: Mathematisierungskompetenz verweist direkt auf die kognitiv instrumentelle Modellierung der Welt, aber wie soll das in ästhetisch expressiver Begegnung und Gestaltung funktionieren? Und wie soll sie dies als Bildungsstandard im Kunstunterricht tun? Das wäre tatsächlich eine ambitionierte Version des weiter oben sogenannten Extensionsgedankens der Bildung. Höchst unwahrscheinlich ist es aber, dass dergleichen hier auch tatsächlich betrieben werden soll, bricht solches Vorgehen doch direkt mit den »curricularen Selbstverständlichkeiten«.

Wie soll man sich dann aber die besondere »Selbstregulierungskompetenz des Wissenserwerbs« dazu noch domänenspezifisch vorstellen, wenn das Schema doch aussagt, dass alles dort Aufgeführte Selbstregulierungskompetenz darstellt, also die Beherrschung der Verkehrssprache ähnlich wie die IT-Kompetenz? Da diese Kompetenz immer abstrakter wird, stellt sich nicht nur die Frage, wie sie domänenspezifisch vermittelt werden kann, sondern auch, wie sie überhaupt zum Standard erhoben werden könnte.

Das Schema hat damit mehr eine rhetorische als eine instrumentelle Funktion. Mit ihm wird suggeriert, dass alles systematisch eingefangen werden könne. Aber immerhin, so kann man resümieren, zeigen der Ansatz und Entwurf eine Fülle von bildungstheoretischen wie empirischen Fragen.

Unwahrscheinlich ist jedoch, ob diese Fragen den weiteren Prozess begleiten sollen und können. Es geht, nachdem dieser Entwurf abgehandelt wurde, nämlich ungleich weniger ambitioniert mit den Kompetenzmodellen aus pädagogisch psychologischer Sicht weiter.

Fassen wir aber erst einmal zusammen: Der Standard der Bildung wird nicht aus der Sicht der Bildung bestimmt, sondern aus der mit Standardisierung verbundenen Hoffnung auf eine Effizienzsteigerung der Anstrengungen um allgemeine Bildung. Indem das Verhältnis von Kompetenz und Bildung dieser Hoffnung untergeordnet wird, kann es nur noch zu Bildungsstandards kommen, die die real statthabende Bildung streifen, nicht aber so beschreiben, dass aus diesen Bildungsstandards heraus eine aufgeklärte Arbeit an der immanenten Verbesserung der Bildungsarbeit folgen könnte. Die Bildungsstandards müssen deshalb, weil sie blind bleiben für die Eigenlogik der subjektiven Bildung, Kompetenzentwicklung zirkulär anstreben, nämlich letztlich als »training on the test« der Kompetenzen, die aus den bestehenden Lehrplänen nach Maßgabe eines ungleich leichter handhabbaren (wie es dann heißt: pragmatischen) Kompetenzbegriffs jenseits der Schwierigkeit des Bildungsbegriffs abgeleitet werden. Mit anderen Worten: »Die Katze beißt sich in den Schwanz.« So heißt es denn gleich zweimal im Gutachten:

> »In Übereinstimmung mit Weinert (2001, S. 27 f.) [– den das Gutachten fälschlich als Erziehungswissenschaftler und Psychologen einführt, A. G.] verstehen wir unter Kompetenzen die bei Individuen verfügbaren oder von ihnen erlernbaren kognitiven Fähigkeiten und Fertigkeiten, bestimmte Probleme zu lösen, sowie die damit verbundenen motivationalen, volitionalen und sozialen Bereitschaften und Fähigkeiten, die Problemlösungen in variablen Situationen erfolgreich und verantwortungsvoll nutzen zu können« (Klieme 2003, S. 21, 72).

Gut möglich, dass jeder deutsche Lehrer diese »Definition« inzwischen auswendig wiederholen kann, denn allzu oft wurde sie wie ein Mantra zitiert. Mit ihr wird aber das meiste entsorgt, was bislang als Problem der Verbindung von Bildung und Kompetenz behandelt wurde. Man mache sich die Mühe, nach den Regeln der Definitionskunst zu prüfen, ob hier etwas wirklich definiert worden ist. Die

Prüfung zeigt, dass hier Unbestimmtes durch Unbestimmtes erklärt werden soll, dass hier gesammelt wird, was alles für den Sachverhalt bedeutsam werden könnte, nicht aber, dass hier etwas dadurch »clare et distincte« aufscheinen würde. Die Begriffe zur Klärung stellen bloß zusammen bzw. sind eklektisch, etwa dann, wenn Bereitschaften unbestimmt neben Fähigkeiten gestellt werden, die wiederum nicht schon Kompetenzen heißen sollen, sondern nur Teile eines Ganzen seien, das als solches aber ja noch gar nicht definiert ist. Wie sehr würde sich Sokrates (469 – 399 v. Chr.) freuen, wenn Weinert bzw. jene, die ihn wie eine Definition zitieren, ihn mit diesem Satz konfrontierten. Sie würden so lernen, dass sie nichts definiert haben.

Anschließend wird jedoch ungerührt so getan, als ob das Unbestimmte durch »Facetten der Kompetenz«, wie »Fähigkeit, Wissen, Verstehen, Können, Handeln, Erfahrung und Motivation«, geklärt werden könne. Handelt es sich bei den Facetten nun wiederum um Teile des Ganzen, des Diamanten Kompetenz, oder sind sie selbst Kompetenzen, was doch zum Teil eben noch behauptet wurde? Wie unterscheidet man Können von Fähigkeiten, wie von Handeln? Ist der Unterscheid zur Kompetenz, dass diese allein Umsetzung von Fähigkeiten bedeutet?

»Kompetenz« ist damit der Oberbegriff für unterschiedliche Beschreibungsformen menschlichen Vermögens, ohne dass die »Facetten« noch als notwendige und unterscheidbare Teile eines Ganzen ausgewiesen werden müssten. Es wird also gar nicht mehr versucht, Kompetenz als innere Struktur eines bestimmten Wissens, als Operator des Verstehens, als Modus des Handelns o. Ä. zu bestimmen. Die Kompetenz erscheint mit und in vielen Facetten.

Diese Facetten sind irgendwie immer beteiligt. Entsprechend pragmatisch kann man Kompetenz beschreiben. Der Text liefert eine solche Illustration für die Fremdsprachen:

»Fremdsprachenkompetenz drückt sich darin aus,
- wie gut man kommunikative Situationen bewältigt (Handeln und Erfahrung),
- wie gut man Texte unterschiedlicher Art versteht (Verstehen),
- selbst adressatengerecht Texte verfassen kann (Können),
- aber unter anderem auch die Fähigkeit, grammatische Strukturen korrekt aufzubauen und bei Bedarf zu korrigieren (Fähigkeiten und Wissen),
- oder in der Intention und Motivation, sich offen und akzeptierend mit anderen Kulturen auseinander zu setzen (Motivation)« (Klieme 2003, S. 73).

Man frage nicht, warum für das Erste nicht Wissen erforderlich ist oder für das Zweite Fähigkeiten. Sinn dieser Beschreibung ist wohl nicht die Entwicklung eines Modells distinkter Faktoren, die in ihrer Gesamtheit Kompetenz ausmachen oder jede für sich eine Kompetenz bezeichnen. Vielmehr geht es darum, dass man sich unmittelbar etwas unter Fremdsprachenkompetenz als Pragmatik vorstellen und entsprechend sich an Aufgaben machen kann, um an der Lösung dieser Aufgaben Kompetenz zu üben. Hinsichtlich der Gradierung der Übungen kann man dann auf die entsprechenden schulischen Selbstverständlichkeiten zurückgreifen.

Nichts spricht dagegen, dass Schule das tatsächlich tun

kann und in Zukunft dies wirksamer als bisher auch tun wird. Aber weder ist damit jene »ästhetisch expressive Begegnung und Gestaltung« noch deren Überschreitung durch andere Modi der Weltbegegnung, noch ein Modus der Selbstregulation eingefangen, der über die Einübung in vorgegebene Aufgaben hinaus verweist. Es zeigt sich vielmehr ein Kompetenzbegriff der Anpassung, des Lernens, aber nicht ein wie auch immer gearteter Begriff der Bildung. Fasst man das begrifflich strenger, so kann man feststellen, dass es in dem realen Unternehmen tatsächlich gar nicht mehr um Kompetenz geht, sondern schlicht um Performanz, nämlich um jene Tätigkeit, mehr oder weniger intelligente, verständliche, bestimmte Fähigkeiten herausfordernde Aufgaben zu lösen.

Dass das entsprechend auch von den Umsetzern so begriffen wurde, sei abschließend mit wenigen Hinweisen aus den Beschlüssen der KMK zu den Bildungsstandards belegt.

Bei den Standards für das Fach Deutsch haben wir es nicht mehr mit einem Kompetenzmodell, sondern bloß noch mit Kompetenzbereichen zu tun: Es geht darum, (a) Sprache und Sprachgebrauch zu untersuchen, (b) zu sprechen und zuzuhören, (c) zu schreiben und (d) zu lesen – einschließlich damit, mit Texten und Medien umzugehen. In diese Kompetenzbereiche integriert werden sogenannte Methoden- und Arbeitstechniken, also Lesen und Sprechen ergänzt durch Technik. In den zu diesen Punkten gegebenen Erläuterungen finden sich vor allem Selbstverständlichkeiten der Art, wie die *Expertise* Fremdsprachenkompetenz bestimmt hat, etwa der

»Unterbereich zu Sprechen und Zuhören enthält
- sich konstruktiv an einem Gespräch beteiligen,
- durch gezieltes Fragen notwendige Informationen beschaffen,
- Gesprächsregeln einhalten,
- die eigene Meinung begründet vertreten,
- auf Gesprächsbeiträge sachlich und argumentierend eingehen,
- das eigene Gesprächsverhalten und das anderer kriterienorientiert beobachten und bewerten.« (KMK 2004.)

Technisch wird dies durch »Wesentliches notieren«, »Video-Feedback nutzen« oder die »Anlage eines Portfolios« (unter anderem die Sammlung von Gesprächsregeln, Beobachtungsbögen und Selbsteinschätzungen) erläutert. Geübt wird durch »Diskussionen, Streitgespräche oder Arbeitsgespräche, Dialoge«. Es fehlen nur noch die Gesprächsanlässe. Man kann sich einen entsprechenden handlungsorientierten Unterricht, Unterricht in Projekten oder als Arbeitsunterricht leicht vorstellen. Und je mehr man das Entsprechende übt, desto besser werden die Schüler. So gestaltet sich zumindest die Hoffnung.

Aber wie bestimmt man mit diesen erzieherischen Ansprüchen an mündliche Kommunikation dann Bildungsstandards? Soll dies durch Stufen der Fähigkeit, die eigene Meinung begründet zu vertreten, geschehen? Hat man solche Stufen nicht, so entstehen – wie Hilbert Meyer gerne schreibt – Wege beim Gehen, jedoch keine Maßstäbe für Kompetenz. Das Erfüllungskriterium schrumpft am Ende auf die sozialpädagogische Pointe der Dankbarkeit: »Gut, dass wir darüber geredet haben«, und darauf zusammen, dass kommunikative Kompetenz letztlich immer schon vorliegt.

Als Folge des bildungspolitischen Waffenstillstandes in der KMK kam dann jedoch doch noch eine Gradierung ins Spiel, als sich die KMK darauf verständigt hat, zwei Bildungsstandards zu bestimmen, nämlich solche für den Mittleren Schulabschluss und solche für die Hauptschulklasse 9. Anscheinend konnte man sich unter den Kultusministern nicht darauf verständigen, die Mindeststandards für die Sekundarstufe I wenigstens dort einheitlich zu gestalten, wo nicht bereits die Stundentafeln für Unterschiede sorgen. Entsprechend interessant ist es nachzuvollziehen, wie die KMK-Kommission hier Unterschiede konstruiert.

Sie beginnen nicht schon bei den Kompetenzbereichen und ihren Erläuterungen, denn wie sollte das auch plausibel gemacht werden? Aber sie finden sich dort, wo die Anthropologie des Hauptschülers verlangt, sich abzusetzen von der eines Schülers, der den mittleren Abschluss erreichen soll: Die Mittleren verfügen über »einen umfangreichen und differenzierten Wortschatz«, während die Hauptschüler über das Vokabular verfügen, das sie zur Bewältigung der »für sie geltenden schulischen, beruflichen und gesellschaftlichen Sprechsituationen« benötigen. Entsprechend differieren die Sprechsituationen. Bei den Mittleren ist eine Fähigkeit zur Gesprächsleitung vorgesehen, die man bei den Hauptschülern nicht findet. Demgegenüber sollen diese lernen und üben, was »bitte« und »danke« bedeuten. Soll man also vermuten, dass das die Mittleren bereits so beherzigen, dass man es nicht mehr als Standard einführen muss? Nur die Mittleren erfahren etwas über die Klangfarbe der Sprache. Hauptschüler sollen »frei reden können«. Das steigert sich bei den Mittleren auf »längere freie Redebeiträge«. Methodisch erfahren Hauptschüler etwas über das »Arbeitsgespräch«, während die Mittleren »Rollendiskussionen« führen und »Debatten« vorbereiten. In dieser Weise werden auch die anderen Kompetenzbereiche und die Textsorten unterschieden bzw. den einzelnen Stufen zugeteilt.

Was als Ineinander von Kompetenz und Bildung begann und in Kompetenzmodellen münden sollte, endet also lediglich in der beschreibenden Ausdifferenzierung von Erscheinungsformen des Umgangs mit der Sprache, die immerhin ausreichen, Schülergruppen durch die jeweilige Schulform voneinander zu unterscheiden. In Berlin am Zentralinstitut sollen dann entsprechend Aufgaben gestrickt werden. Inzwischen warten Bundesländer wie Hessen aber nicht mehr auf Ergebnisse einer gänzlich überforderten Behörde. Das eigene Institut für Qualitätsentwicklung (IQ) lässt Lehrplankommissionen Kompetenzmodelle entwickeln. Aber wie soll dabei ohne Forschung und eine aufgeklärte Bildungstheorie mehr dabei herauskommen als jene schlechte Abstraktheit von trivialen Unterscheidungen wie Lesen, Schreiben, Sprechen oder die unfreiwillig komische Umschreibung der altbekannten Aufgaben zu Kompetenzen: Hochspringkompetenz.

Mit teils ungeheurem Einsatz an Mitteln und Personal wurden und werden bis heute Hunderte von Lehrern auf eine unmögliche Mission geschickt. Diese Mission wäre erst dann erfolgreich zu bestehen gewesen, wenn die Aufgabe sachhaltig pädagogisch geerdet worden wäre. Es wäre zu fragen gewesen, was an Wissen und Fertigkeiten substanziell in Aufgaben eingeht, wie die der Formulierung einer Funktionsgleichung aus einer Reihe von zusammenhängenden Beobachtungsdaten oder die Erschließung des Bedeutungsgehaltes des Titels *Kleider machen Leute* der Keller'schen Geschichte von den Leuten aus Seldwyla.

Die fortschreitende Didaktisierung anstelle eines »Lehren des Verstehens«

Weitgehend unabhängig von der durch PISA angestoßenen bildungspolitischen Agenda hat sich der Unterricht in deutschen Schulen und auch Hochschulen nach empirischer Beobachtung (vgl. Gruschka 2003, 2009, 2013) in den vergangenen 20 Jahren gravierend verändert. Auch wenn keine Rede davon sein kann, dass das bis dahin dominierende Muster des bestimmte Fragen entwickelnden Frontalunterrichts überwunden wurde, lassen sich in unseren Schulen in breiter Form vielfältige, nachhaltig durchgesetzte didaktische Neuerungen feststellen. Die didaktische Ratgeberliteratur in Verbund mit der herrschenden Lehre im Referendariat haben im Lehrerhandeln Wirkung gezeigt.

Mussten sich noch bis in die 1970er Jahre die angehenden Lehrer mit dem anspruchsvollen Diskurs über Theorien und Modelle der Didaktik (etwa von Herwig Blankertz) beschäftigen und nach dem pädagogischen Sinn des Unterrichtsinhalts mithilfe einer bildungstheoretischen Reflexion suchen, so lasen sie in den letzten Jahren eine zunehmend sich verdünnende Leitfadenliteratur, wie sie etwa

Hilbert Meyer verfasst. Mit der Rezeption seiner inzwischen in einer Millionenauflage verbreiteten Bücher hat dieser die Reflexion über Didaktik so weit selbst didaktisiert, dass ihr eigentlicher Problemgehalt unter prüfungserprobten Schemata weitgehend untergegangen ist. Der Begriff Didaktisierung meint in diesem Zusammenhang, dass die Vermittlung selbstbezüglich geworden ist. Sie dient nicht mehr der einer bestimmten Sache, sondern betreibt faktisch deren Entsorgung durch die möglichst einfache, zum Auswendiglernen einladende Darstellung eines didaktischen Stellvertreters. Dieser Stellvertreter führt nicht zur Sache, sondern bleibt beim didaktisch reduzierten Abziehbild stehen. Hier wird, um im Bild zu bleiben, alles »auf Flaschen gezogen« (Meyer 2004), während deren Inhalt den Konsumenten verschlossen bleibt.

Diese »Entwissenschaftlichung« der Didaktik ist inzwischen zum fatalen Standard der Lehrbuchliteratur geworden. Überall wird es immer dünner, werden komplexe Argumentationen oder zum Nachdenken auffordernde Darstellungen vermieden und an deren Stelle Definitionen nebeneinandergestellt und Schemata als Anschauung ohne Begriff angeboten. Das möglichst interaktive Design der Bücher verspricht die beschwerdelose Rezeption der Stoffe. Der Student wird mit ihnen nicht mehr als lesefähig, lesemotiviert oder gar als kritikfähig wahrgenommen. Mit der überschießenden Didaktik der Einführungen wird auf diese Weise auch indirekt eine obere Grenze der Zumutung an den Leser markiert, denn mehr sei leider nicht mehr von diesem zu verlangen.

Diese Art und Weise der Didaktisierung geht einher mit einer Parteinahme für ein Unterrichtsmodell, das sich für alles Schülerfreundliche der Reformpädagogik offen zeigt. Das, was die Lehrbücher selbst didaktisch ins Werk setzen, demonstriert damit die empfohlene Wende für den Unterricht: Der Unterricht soll schülerorientiert, handlungsorientiert, methodenorientiert und interaktiv sein. Der aktive Lerner wird herausgefordert, der passive wird gemieden. Alles soll so weit wie möglich anschaulich sein, soll mit Kopf, Herz und Hand bearbeitet werden. Der Lehrer moderiert eher die Lernprozesse, als dass er lehren würde. Er zeigt nicht, sondern lässt finden. Er stellt den Schülern Aufgaben, die diese oft in Gruppen während des Unterrichts zu lösen haben. Positiv wird das Engagement durch Selbstdarstellungen und Rückmeldungen verstärkt. Die Lehrer bieten den Schülern für ihre Arbeiten vielfältige methodische Werkzeuge bzw. Tools an, mit denen diese Methodenkompetenzen erwerben sollen, die es ihnen erlauben, beliebige neue Aufgaben zu bearbeiten.

Der Schüler wird nicht mehr als richtig oder falsch urteilender und operierender Mensch kenntlich gemacht, sondern gilt als Konstruktivist seines Wissens. »Mindmaps« werden angelegt, die zeigen, wie man bereits denkt, bevor man beginnt, etwas Neues zu lernen. Denken entfällt nicht selten zugunsten des Austausches über die jeweiligen Wissenskonstruktionen. Moderatorenmethoden werden eingeübt, die den entdeckenden Umgang mit einem Thema in einer Gruppe organisieren sollen. Soziales Lernen kann so »Lernen von etwas« ersetzen.

Die didaktische Verpackung des gleichwohl curricular fortbestehenden Programms wird immer umfangreicher, während der Inhalt schrumpft. Das kann man sowohl an der jüngsten Entwicklung der Schullehrbücher wie an den

Aufgabenblattsammlungen und Lektüren beobachten (exemplarisch: Beier 2016). Der Text weicht immer mehr der Bebilderung. Bilder dienen nicht mehr als Gegenstand der Analyse, sondern nur noch zur Zerstreuung und Illustration. Inzwischen machen Versionen von Klassikerlektüre Karriere, die als »einfach klassisch« den Originaltext so weit didaktisieren, dass neben Schiller oder Keller zu Recht der Name des Bearbeiters genannt wird. Damit werden letztlich nur Methoden der Textverarbeitung und -bearbeitung gelehrt, nicht aber mehr das Verstehen selbst. Erziehung geht nicht mehr von der sachlichen Aufgabe aus, sondern wirkt konditionierend manipulativ unter Verwendung der angedienten Hilfsmittel.

Meine summarischen Ausführungen wollen dabei nicht als kulturkritische Klage missverstanden werden. Sie pointieren vielmehr eigene, nun schon über Jahrzehnte durchgeführte empirische Untersuchungen zu didaktischen Materialien und zum alltäglichen Unterricht.

Wer verstehen will, was hier geschieht, muss sich von den proklamierten guten Absichten der Didaktisierung freimachen und stattdessen rückhaltlos studieren, was hier »angerichtet« wird, welche Bearbeitungslogik mit einer solchen Didaktisierung einhergeht und welche Dynamik des Unterrichtens mit ihr verbunden ist. Was verlangt das grundsätzlich vom Beobachter?

Entgegen der methodischen Ausrichtung der Reform muss zunächst einmal die Fachlichkeit verstanden werden, um die es gehen sollte bzw. um die es mit den gestellten Aufgaben tatsächlich geht. Unterricht geschieht um der Erkenntnis von bestimmten Inhalten willen. Er wird dann aber Selbstinszenierung, wenn er Methoden zu vermitteln sucht, die allein dazu dienen, den Unterricht selbst möglichst reibungslos durchzuführen.

Wer das Protokoll eines Unterrichts studiert und dabei wie die Schüler erfahren will, was hier gelernt werden soll, der wird unausgesetzt auf den fachlichen Sinn des behandelten Stoffs ausgerichtet. Das betrifft sowohl das thematische Zentrum der Stunde (Einführung in die »Steigung« oder »Wahrscheinlichkeit«, »Evolution der Moose«, das »Kyoto-Protokoll«, »passé composé« usw.) als auch die Dynamik seiner Entfaltung, die vor allem durch die Reaktionen der Schüler auf den Stoff und die Aufgaben bestimmt wird. Man beginnt zu verstehen, welche objektive (d.h. welche thematisierungsfähige und -bedürftige) Bedeutung dem gewählten Inhalt zukommt. Das eine verweist auf die vordidaktischen Voraussetzungen der Sache als Gegenstand vorgängiger Erkenntnistätigkeit, das andere auf die didaktisch angestrebte Weise ihrer Erkenntnis durch die Schüler. Somit muss der Didaktiker und in der Beobachtung des Unterrichts der Forscher unabgekürzt nachvollziehen, was oben als »wechselseitige Erschließung« bezeichnet wurde: Was impliziert der Inhalt »Kyoto-Protokoll« als allgemeinbildender Repräsentant des Faches und was die konkret gestellte Aufgabe, etwa die Analyse eines Presseartikels, der den Streit um die Anerkennung des Protokolls referiert und der zugleich der Erschließung des Sachproblems dienen soll? Sodann ist zu fragen: Welche Zugangsmöglichkeit für Schüler der 8. Klasse kann in Bezug auf dieses Thema erwartet werden?

Der erste Schritt besteht also in einer Sachanalyse: Mit ihr wird der Bedeutungshorizont einer für das Verständnis der Sache des Unterrichts möglichst vollständigen Erschließung eröffnet. Ohne sie kann anschließend keine Beziehung des faktisch Thematisierten auf das Thematisierungsbedürftige vorgenommen werden. Auf diese Weise für den Bildungsgehalt sensibilisiert, erfolgt die Analyse des Verlaufs der Stunde. Sie ist dadurch gekennzeichnet, dass jede Frage eines Lehrers als auch jede Antwort eines Schülers und selbstverständlich auch jede seiner Fragen auf die Sache bezogen wird, die behandelt wird. Die Kommunikation wird also als fachliche Erörterung behandelt. Es wird entsprechend gefragt, welche Bedeutung sie für die angestrebte Erschließung, das Verstehen und Lernen des zu Lernenden hat.

Mit einer entsprechenden Analyse lässt sich in außerordentlich reicher Art und Weise erkennen, wie der Lehrer kommuniziert und dabei die Klärung der fachlichen Fragen weiterbringt. Dabei wird deutlich, dass der Lehrer in hohem Maße selektiv auf den manifesten Gehalt der gestellten Aufgabe und seine Befragung reagiert. Noch entscheidender aber ist es, wie groß die Diskrepanz zwischen der Bedeutsamkeit des in der Kommunikation über die Sache Thematisierten (einer Schülerfrage) und dem kommunikativen Prozedere im Unterricht ausfallen kann: Was ist mit der Analyse als produktiver Anschluss auf das gerade Artikulierte hypothetisch zu erkennen? Und was wird real als Anschluss durch den Unterrichtenden vorgenommen? Die Forschung zeigt nun, dass der Lehrer häufig an der Klärung des Vorgebrachten vorbeigeht und die Angebote der Schüler zur Klärung und Weiterführung nicht aufgreift. Im Durchgang durch eine Stunde verwundert am Ende nicht selten der Widerspruch zwischen einer pädagogisch unbefriedigenden Kommunikation (das Verstehen wurde nicht gelehrt) und der relativen Reibungslosigkeit des kooperativen Vollzuges in den vergangenen 45 Minuten.

Der Normalfall der Fallstruktur von Unterricht wird also durch Reihen verpasster Chancen gekennzeichnet. Nur vereinzelt zeigen Transkripte eine längere dialogische Sequenz, die durch eine konsistente Abfolge von sachlich gebotenen wie auch das Lernen aufgreifenden Fragen und Antworten gekennzeichnet ist. Es kommt, sobald man nur genau genug hinschaut und den Sinn des Geschehens erläutert, stattdessen unausgesetzt zu Ablenkungen, Abbrüchen, zum Ignorieren und zu offen widersprüchlichem Verhalten. Nicht die Sache selbst dient als die Führgröße des Unterrichts, sondern vielfach didaktische Substitute, die letztlich nicht zur Sache führen. Die ausufernde Didaktisierung verhindert auf diese Weise das, was sie letztlich befördern sollte. Es lassen sich zur Spezifikation des Befundes vor allem die im Folgenden genauer beschriebenen Strategien der faktischen Verfälschung und die Strategien der Entsorgung bestimmen. Die am häufigsten beobachteten lauten:

(1) Verfälschung durch Vereinfachung

Jeder Unterricht steht vor der Aufgabe, die Voraussetzungshaltigkeit und Komplexität eines Gegenstandes auf das hin zu konzentrieren, was seine Zugänglichkeit und Bedeutsamkeit sichert. Insofern kann Unterricht nicht ohne eine »Vereinfachung« der Sache auskommen, die zum Thema gemacht wird. Es drängt sich aber sofort die Frage auf, ob die gewählte »Vereinfachung« auch gleichzeitig tatsächlich eine bessere Zugänglichkeit ermöglicht. Unsere Beobachtung geht dahin, dass sie oft im Modus der Verfälschung bzw. dem Angebot und der Annahme falscher Vorstellungen vollzogen wird. Es lohnt sich in diesem Fall, eine Unterrichtsstunde beispielhaft und exemplarisch unter die Lupe zu nehmen (vgl. Gruschka 2007a und www.APAEK.de).

Mein Beispiel hierfür stammt aus dem Geschichtsunterricht. Ausgangspunkt sind einige Ausschnitte aus Reden von Reichstagsabgeordneten im Zusammenhang mit der Ratifizierung der Locarno-Verträge. Es wird dabei im Unterricht so getan, als ob im Sinne eines wissenschaftspropädeutischen Unterrichts ein Quellenstudium stattfände. In Wahrheit aber wird keine einzige Rede den Schülern als Lektüre zugemutet, sondern vielmehr eine Art »best of« in extrem komprimierter Form angeboten.

Als es im Unterricht zum Redeausschnitt des NSDAP-Abgeordneten Strasser kommt, wird dieser als »der Nazi«, den wir »mal hören«, angekündigt und auf diese Weise bereits vorab eingeordnet. Die Schüler mühen sich, Hinweise zur Position des Redners zu geben und liefern dabei Stichworte und allerlei Missverstandenes und Missverständliches. Der Lehrer korrigiert sie jedoch in keinem Fall, sondern bestätigt durchweg mit Worten wie: »Ja, genau«. So hört man von den Schülern, dass Strasser für einen »deutschen Sozialismus« und die Bildung eines »geschlossenen Volkes« war. Dies wird dann damit erläutert, dass man »in Deutschland zusammenarbeiten« und »Koalitionen bilden« solle. Der Lehrer erklärt das Ziel der Nazis damit, dass die »verlorenen Ostgebiete wieder zu Deutschland kommen« sollen. Der historische Tatbestand wird also an keiner Stelle präzise gefasst, alles verbleibt im Ungefähren. Die Schüler kombinieren das, was sie in den Textausrissen aufschnappen, mit ihrem Vorverständnis. Der Lehrer erwartet nun wiederum keine genaue, sondern bloß eine vereinfachte Lesart des Gegenstandes mit Blick auf die Pointe, dass NSDAP und KPD die Totengräber der Weimarer Republik gewesen seien. Damit wird die Sache zwar einfacher handhabbar, zugleich wird aber nicht nur ein vereinfachtes, sondern letztlich falsches Bild der historischen Tatsachen gegeben (vgl. Gruschka 2007b).

(2) Verfälschung durch Schematisierung

Zahlreiche Stoffe des Unterrichts sind nur lehrbar und lernbar in der Form einer sachlichen Schematisierung. In dieser Schematisierung spiegelt sich der zentrale Modus der subjektiven Erkenntnistätigkeit. Seinen äußeren Ausdruck kann dieses Schema in einer grafischen Darstellung finden. Solche Darstellungen dienen einer abstrahierenden Modellbildung. Problematisch wird es dort, wo das Schema eine solche Modellbildung im substanziellen Sinn verspricht, ohne sie aber zu realisieren, also dort, wo das Schema vor allem um seiner didaktisch suggestiven Wirkung willen eingesetzt wird, bevor ein Sachverhalt geklärt oder noch schlimmer: ohne dass er überhaupt je geklärt wird.

Auch hier ein Beispiel, diesmal aus dem Geografieunterricht: Behandelt wird das Problem der Verstädterung in Entwicklungsländern und Lateinamerika. Die Hinweise, die die Schüler hierzu in einem Informationstext des Lehrers finden, beziehen sich alle auf Lateinamerika. Die Schüler werden aufgefordert, wichtige Aspekte der Genese und der Wirkung der Verstädterung (mit Aussagen über São Paulo und Mexiko-City) in der Textvorlage zu markieren. Während die Schüler den Text lesen, malt der Lehrer ein

Schema an die Tafel. Zu erkennen sind gezeichnete Symbole für Dörfer und Städte (kleine Häuser und Hochhäuser). Verwiesen wird unter dem Tafelbild auf Gründe dafür, ein Dorf zu verlassen, und solche dafür, in die Stadt zu fahren. Zwischen beiden Illustrationen erkennt man einen Laster, der von den Dörfern in die Stadt fährt. Unterhalb dieser Bewegung von links nach rechts befindet sich in der Mitte ein dicker Pfeil, der auf die Konsequenzen der Verstädterung hinweisen soll.

Die Schüler zählen nach der Lektüre das auf, was sie im Text zu den drei Feldern gefunden haben. Das gefüllte Tafelbild enthält am Ende alles, was die Schüler in ungeordneter Weise mitgeteilt haben. Der Unterricht erschöpft sich damit also in der Herstellung eines bestimmten Tafelbildes. Eine Auseinandersetzung mit sowohl dem Material als auch dem Schema entfällt. Das Schema wird als die Folie betrachtet, mit der die Unterrichtsinhalte verwaltet werden können, ohne dass die Sache geklärt werden müsste. Und das hat eine fatale Folge: Weil die Schüler darauf abgerichtet werden, das Schema zu lernen, nicht aber aufgefordert werden, ihre Erkenntnisse mit einem Schema zu modellieren, werden sie dazu disponiert, von den Lerngegenständen entsprechend leicht handhabbare Schematisierungen zu verlangen (vgl. Gruschka 2009). Das, was nicht sofort schematisierbar ist, ist falsch oder langweilig.

(3) Verfälschung durch Aktualisierung

Es ist nicht nur von der Sache her gesehen immer wieder naheliegend, nach der aktuellen Bedeutung historischer Sachverhalte zu fragen, solches Nachfragen ist auch didaktisch geboten. Denn diese Sachverhalte sollen Schülern etwas sagen. Doch wie weit darf solches getrieben werden? Wird die Differenz zwischen der historischen Aussage und ihrem Gegenwartsbezug deutlich, wird der Gegenwartsbezug geklärt oder wird so getan, als ob man sich die Vermittlung sparen könne? Man behauptet, ein zureichendes Bild von der Sache zu zeichnen, indem man zeigt, als was sie heute erscheinen würde. Das folgende Beispiel stammt aus dem Religionsunterricht und handelt von einem der wohl am weitesten verbreiteten Lehrstücke aus der Bibel, dem Gleichnis vom Weinberg. In zu diesem Gleichnis entwickelten Unterrichtsmodellen und entsprechend in Transkripten finden sich vielfältige Formen der Aktualisierung dieses Textes. Eine solche Aktualisierung kann versuchen, dass man nicht mehr den entsprechenden Text der Bibel (Matthäus 20 in seinen Übersetzungen) liest, sondern eine nacherzählte Variante, die als solche die im Gleichnis geschilderte Situation den Schülern näherbringen soll. Die Aktualisierung setzt sich fort mit der medialen Übersetzung des Textes in ein Hörspiel, das den Schülern eine Lektüre vollständig erspart. Die Geschichte wird nun so erzählt, als ob sie heute in einem Weinberg, gleichsam nebenan, sich abgespielt hätte. Es tritt ein Erzähler auf, der von seinem komischen Chef spricht, der seine Arbeiter ungleich behandelt. Er ergänzt den biblischen Text mit seinen kritischen Kommentaren, als ob er ein Gewerkschaftssekretär wäre. Vom biblischen Weinberg und Gott als Agent der Gerechtigkeit bleibt nur ein gewisser unerklärter Respekt übrig, der den Besitzer des Kapitals mit dem Schöpfer als Eigentümer der Welt gleichsetzt. Im Hörspiel werden kräftig Anleihen aus dem Diesseits des bürgerlichen Eigentumsverhältnisses vorgenommen, und zwar mit dem Hintergedanken, den säkularen Gedanken der Sozialverpflichtung des Eigentums auf die göttliche Gerechtigkeit zu beziehen. Das Gleichnis wird auf diese Weise so irdisch aktualisiert, dass es noch absurder als im biblischen Text wirken muss (vgl. Gruschka 2009).

(4) Verfälschung durch Analogiebildung

Unsere ganze Sprache ist durchsetzt mit Ausdrücken, mit denen wir uns etwas klarmachen wollen, was auf der Gegenstandsebene mit einer technischen Sprache zuallererst konstruiert werden müsste und deshalb schwer zu vermitteln ist. Noch die exakten Naturwissenschaften bedienen sich der Metaphern. Aus diesem Grunde ist es legitim, sich zur Erklärung und Verdeutlichung mit Analogiebildungen zu helfen. Comenius verlangte das als kompakte Kunst, sich bei didaktischen Entscheidungen ganz den mechanischen Künsten und ihrer Darstellungslogik anzuschließen. Aber das Problem beginnt damit, dass Analogien schnell schief werden und diese Schieflagen nur schwer wieder begradigt werden können, wenn die Sache als Verständnisproblem sich bemerkbar macht und ihr eigenes Recht anmeldet. Schlimmer noch wird es, wenn durch die Analogiebildung falsche und unsinnige, die Erkenntnis verbauende Bilder genutzt werden.

Das folgende Beispiel stammt aus dem Physikunterricht. Im Kontext einer Unterrichtsreihe, mit der die physikalischen Grundlagen der Wolkenbildung erklärt werden sollen, schiebt der Lehrer ein Experiment ein. Wasser mit Eis wird in einem Gefäß über einen Bunsenbrenner gestellt. Eine Messreihe soll Auskunft darüber geben, wie schnell und in welchen Schritten sich das Wasser erwärmt. Mit Wolkenbildung hat dieses Experiment wohl nur indirekt, also nur vermittelt über die während der Messungen nebenbei aktuell auftretenden Phänomene, zu tun, nämlich der Erklärung von Kondenswasser an der Außenseite des Glases – »die Luft ist also voll von Wasser« –, und der Verdunstung von Wasser aus dem Glas – »Aha, aus Erwärmung stammt also das Wasser in der Luft«. Aber diese sich aus der Beobachtung ergebenden Fragen werden nicht genauer untersucht. Stattdessen überschreibt der Lehrer seinen Versuch damit, man wolle »Eis kochen«. Stellt man ein Gefäß mit Wasser über ein Feuer, beginnt das Wasser irgendwann zu kochen. Besteht Eis aus Wasser und wird Eis über das Feuer gestellt, wird eben Eis gekocht. Diese Respektlosigkeit gegenüber dem physikalischen Zustand des Wassers in Eisform könnte die Schüler provozieren, dem möglichen Sinn dieser unsinnigen Formulierung nachzugehen. Das geschah in dieser Stunde jedoch gerade nicht, weil die Schüler vor allem die Analogie zum Eierkochen, Fischkochen usw. sahen und nur durch diese falsche Analogiebildung genau so verstanden haben, worum es ging.

(5) Entsorgung des Inhalts durch Medienkonsum

Das Problem der Erschließung von Sachverhalten besteht nicht zuletzt darin, dass es diese Sachverhalte so gut wie nicht jenseits ihrer bereits vielfachen Vermitteltheit gibt. Nur selten wird der Schüler unmittelbar von einer Sache gepackt werden, die ihm als noch überhaupt nicht vermitteltes Phänomen in Staunen versetzt. Ontogenetisch gesehen, dürfte es mit solchen direkten Erfahrungen zu Beginn der Schulzeit bereits weitgehend vorbei sein. In der Regel wird der Schüler in der Schule mit didaktisch hochgradig präparierten Darstellungen konfrontiert. Unsinnig wäre es, puristisch auf diese zu verzichten, d. h. z. B. mit (Ab)bildern und Filmen Bildungsgegenstände einzuführen und zu illustrieren. Die Frage aber ist, wie bewusst die Differenz zwischen Sachverhalt und Bild gehalten wird und wie das Bild als Vertreter der Sache behandelt wird.

Das folgende Beispiel stammt aus dem Geschichtsunterricht einer 11. Klasse. Behandelt wird der Holocaust mit einer Serie von medialen Zugängen, etwa Filmen, in denen Zeitzeugen berichten oder die Vernichtungslager zeigen. Ergänzt werden diese Filme durch Dias, mit denen exemplarisch, d.h. möglichst krass, die Unmenschlichkeit des Systems gezeigt wird. Die Schüler haben jeweils die Aufgabe, aus den zur Verfügung gestellten Dias einige auszuwählen und sie knapp zu kommentieren. Dabei greifen sie oft auf die kurzen Kommentierungen zurück, die sie im didaktischen Begleitmaterial gefunden haben. Angesichts der Ungeheuerlichkeit des Gezeigten zeigt sich hier eine verständliche Zurückhaltung. Die Dias tun ihre Wirkung, indem sie die Schüler zu schweigender Betroffenheit zwingen. Auf diese Weise gerät die Stunde unfreiwillig zu einer Dia-Horrorshow: Ohne jede Distanzierungsmöglichkeit werden die Schüler ausweglos dem Sog der Bilder ausgesetzt. Entsprechend schwer fällt es ihnen, zur unterrichtlichen Haltung bzw. zu einer wie auch immer gearteten Analyse zurückzufinden. Erleichtert fällt einem Schüler die Rückfrage nach der Authentizität der Bilder ein: Schwer vorzustellen sei, dass es sich um dokumentarische Abbilder handele. Was aber bedeute die mögliche Inszenierung der Bilder für die Sache, die sie zeigt? Diese brisante Frage wird jedoch nicht aufgegriffen, vielmehr die Betroffenheit durch Bilder als Erreichung des avisierten Ziels gewertet (vgl. Gruschka 2004).

(6) Entsorgung des Inhalts durch Umarbeitung

Eine andere Form, die zu repräsentierenden Bildungsgegenstände zu didaktisieren und sich damit von ihnen zu entfernen, besteht in der Veränderung ihrer Rahmung. Verfremdung stellt nicht nur ein beliebtes didaktisches, sondern auch ein allgemeines Mittel zur Erkenntnis dar. Man nähert sich einem Gegenstand, indem man ihn in eine überraschende Perspektive stellt oder man wählt eine Form der Bearbeitung, die über die Eigentümlichkeiten des Objekts erst recht stolpern lässt. Aber dieser Vorgang muss unbedingt im Dienst der Erschließung der Sache erfolgen, er darf nicht von der Sache ablenken. Doch ist das nicht immer der Fall.

So kann man im Deutschunterricht bei der Behandlung von als schwierig zugänglich eingestufter Literatur vielfach Bemühungen feststellen, auf Umwegen Zugänge zur Sache zu ermöglichen. In einer Vorlage für die Behandlung eines der berühmten Goethe-Gedichte zum »Sturm und Drang«, des »Ganymed«, findet sich so der Vorschlag, die Schüler mögen versuchen, sich dem Gedicht durch die Herstellung eines Bildes anzunähern. Verfremdend muss das schon deshalb wirken, weil es den mit dem Text naheliegenden primären Zugang ersetzt, nämlich durch Lesen, und zwar möglichst wiederholtes Lesen, das Gedicht verständnisvoll zum Klingen zu bringen. Der Poesie als Wortmalerei soll beigekommen werden, indem die Worte gleichsam gemalt werden. Unabhängig davon, dass die Schwierigkeiten mit dem lyrischen Text, der voller auslegungsbedürftiger Wortbilder steckt, nicht behoben werden können, indem nicht ausgelegte Worte in ein Bild übersetzt werden, ist es höchst unwahrscheinlich, dass der Medienwechsel eine ästhetische Erfahrung des Gedichts überhaupt ermöglichen kann. In einem zweiten Schritt wird das Gedicht durch eine klassifikatorische Form der Bearbeitung charakterisiert. Die Schüler sollen nun entscheiden, ob es sich um ein Natur- oder Liebesgedicht handelt. Dazu wird ihnen empfohlen, die signifikanten Worte des Gedichts entweder rot (Liebe) oder grün (Natur) zu unterstreichen. Eine Auszählung soll entscheiden, ob der Text entsprechend der größeren Trefferanzahl ein Liebesgedicht oder ein Naturgedicht ist. Diese Weise der quantitativen Inhaltsanalyse kommt letztlich ohne die Kenntnisnahme des Inhalts des Gedichts aus. Anscheinend genügt es, Worte semantisch als zur Natur oder zur Liebe gehörend zu klassifizieren, und wenn es um das »an die Brust drängen« geht, kann man eben beide Farben nehmen (vgl. Gruschka 2005a).

(7) Trivialisierung und Kontrolle

Didaktische Bearbeitung setzt vielfach an einer pessimistischen Anthropologie des Schülers an. Die geht sowohl von fehlender Bildsamkeit wie auch entsprechender Unmotiviertheit und Leistungsverweigerung der Schüler aus. Deswegen müssen die Inhalte besonders schmackhaft gemacht und mit der Bearbeitung der Inhalte die Schüler zugleich zum Lernen bewegt werden. Diese Vereinfachung führt zu einer Trivialisierung der Aufgaben, dank derer Schüler motivierende Erfolgserlebnisse haben sollen. Nachgehalten werden Leistungen, die letztlich dazu dienen, Schüler überhaupt noch zum Vollzug von Mitarbeit zu bewegen.

In einer Realschule wird *Kleider machen Leute* von Gottfried Keller gelesen. Zugrunde liegt eine Neubearbeitung des Textes, erschienen in der Reihe »einfach klassisch«. Der Text wird gegliedert, gekürzt, eingedeutscht, durch vielfältige Bearbeitungsaufgaben handlungsorientiert strukturiert und mit vielen Standfotos aus der Verfilmung mit Heinz Rühmann in der Hauptrolle garniert.

Die Schüler haben die ersten Seiten des Textes bereits zweimal gelesen, jeder für sich und gemeinsam laut in der Klasse. Die Lehrerin ist sich aber nicht sicher, ob die Schüler die Introduktion richtig verstanden haben. Statt mit ihnen den Titel der Geschichte in Beziehung zu setzen zu Strapinskis unfreiwilligem Auftritt als Graf von dem Gasthof, werden sie an die sogenannte »Lerntheke« geführt.

Der erste Block an Arbeitsaufträgen stellt »zehn Fragen zum Inhalt der Einleitung«, nämlich: »In welchem Monat ist der Schneider auf der Landstraße?«; »Wohin möchte der Schneider gehen?«; »Was trägt der Schneider in seiner Hosentasche?«; »Warum ist der Schneider auf Wanderschaft?«; »Warum hat er noch nichts gegessen?«; »Welche Schwierigkeiten hat er manchmal wegen seines Mantels?«; »Aus welchem Grund nimmt der Kutscher den Schneider mit?«; »Warum denken die Bürger in Goldach, dass der Schneider ein Prinz oder ein Grafensohn ist?«; »Warum lässt sich der Schneider in den Gasthof führen?«; »Welche Speisen bereiten der Wirt und seine Köchin für den Gast vor?«.

Ein zweiter Fragenblock bezieht sich direkter auf den Text: Es geht darum, welche »typischen Merkmale des Schneiders« deutlich geworden seien. Eine Tabelle mit den beiden Spalten »Aussehen« und »Allgemeine Merkmale / soziale Stellung« soll vervollständigt werden.

Die dritte Frage bezieht sich genauer auf »das Aussehen (Kleidung und Haare) des Schneiders«: Der Schüler soll eine Zeichnung der Hauptfigur anfertigen.

Der vierte Arbeitsauftrag weist den Schüler an, »vor dem Hintergrund der Informationen, die du über die Person des Schneiders auf den ersten Seiten erfahren hast, einen inneren Monolog (Selbstgespräch)« zu verfassen, »in dem die Gedanken Wenzels, die er sich auf seiner Wanderschaft macht, verdeutlicht werden«.

Der fünfte Arbeitsauftrag dreht sich um einen Dialog zwischen einem Wirt und einem Dorfbewohner, den der Schüler verfassen soll.

Die meisten der im ersten Fragenblock enthaltenen Fragen haben weder mit der Vermittlung des Inhalts der Geschichte noch mit der Vermittlung ihrer Bedeutung zu tun. War es November oder Dezember? Die Frage ist nicht sonderlich relevant, ebenso wie die Gründe, warum Strapinski noch nichts gegessen hat. Würde man den 14-Jährigen eine solche Vorstufe der Alphabetisierungskompetenz unterstellen müssen, wären sie nicht in der Lage, ihre Videospiele zu verstehen oder Action- oder Lustspielfilmen zu folgen. Die Aufgaben lassen sich erzieherisch gesehen nur im Sinne der Disziplinierung motivieren. Der Schüler soll auf alles achten und z. B. memorieren, in welchem Monat Strapinski unterwegs war. Es handelt sich also letztlich um Kontroll-, aber nicht um Verständnisfragen. Die Umerzählungen und die Ausmalung des einleitenden Geschehens könnte man als handlungsorientiertes Lernen missverstehen, als sollten die Schüler auf diese Weise zu einer erzählenden Schreibkompetenz angehalten werden. In Wahrheit aber dienen diese sich wiederholenden Aufgaben lediglich dazu, immer wieder die Schüler mit den Elementen des Anfangs vertraut zu machen. Man kann vermuten, auf diese Weise habe der Didaktiker so zuallererst die Lektüre der ersten Seiten erzwingen wollen. Damit aber wäre kenntlich geworden, dass das Didaktische nicht mehr das Hinführende zur Sache bedeutet, sondern es selbst zur Sache geworden ist, die einen externen Inhalt lediglich dazu gebraucht, sich selbst mit einem »Methodenmix« zu inszenieren.

In der Bereitschaft von Schülern, tagtäglich Aufgaben dieses Typs zu bearbeiten, kann man eine eminente Erziehungswirkung des Unterrichts sehen: Letztlich geht es um die Konditionierung für eine Art Dienst nach Vorschrift, die angeblich Kompetenzerwerb verspricht, ihn aber als Suche nach und Erprobung von mechanisch repetierbaren Lösungen ersetzt.

(8) Entsorgung des Inhalts durch Präsentation

Die Klassiker der Didaktik haben immer wieder zu bedenken gegeben, dass die nachhaltigste und eindrücklichste Methode der Vermittlung darin besteht, das Lernen mit der eigenständigen Aneignung und der Vermittlung zu koppeln: Es geht um »learning by doing« und »by teaching«. In gewisser Weise gesteht die Didaktik damit zu, dass der Königsweg der Vermittlung nicht etwa in der Kopplung mit der ihr korrespondierenden Aneignung der Dinge besteht, sondern in der Zueignung, nämlich als eigenständiger, eigensinniger und identifizierender Tätigkeit im Umgang mit dem Bildungsinteresse. Der beste Lehrer ist der Schüler, und die beste Didaktik ist das »Selbstlernen« und das Vermitteln an Mitschüler.

Es ist faszinierend zu beobachten, wie schnell sich selbstständiges Arbeiten in den Schulen ausgebreitet hat, jedoch mit dem eigentlichen Ziel einer Präsentation von Arbeitsergebnissen. Das hängt wohl nicht zuletzt zum einen mit der Forderung nach Methodentraining zusammen, sodann zum anderen mit der Einführung der Schüler in die Nutzung der neuen Medien und schließlich der mit dieser einhergehenden Veränderung der Kultur des Austauschs über geistige Dinge. Nach der vorherrschenden Logik dieser Kultur geht es vor allem darum, möglichst viele Kanäle gleichzeitig und möglichst synchron anzusprechen: Man soll in visualisierter Form nachvollziehen können, was man hört, und hören, was man sieht. Die mediale Folie erlaubt dabei nur die abgekürzte Information, etwa Sequenzen von Spiegelstrichen der Schematisierungen, wie oben angeführt. Die Ökonomie der Zeit wird anders als beim traditionellen Vortrag organisiert: Möglichst viele Bilder werden in die Präsentation hineingepackt, die selbst wiederum abwechslungsreich grafisch gestaltet werden muss. Der Zuschauer/Zuhörer wird so von einem Bild zum nächsten geführt oder besser: gehetzt.

Zu einem historischen, vorgegebenen Oberthema wird arbeitsteilig vorgegangen, mehr oder weniger vorbereitete oder in den Medien wie dem Internet eigenständig »recherchierte« Materialien aufbereitet und in die Form einer PowerPoint-Präsentation gebracht. Auffällig ist dabei: Die Aufmerksamkeit konzentriert sich fast vollständig auf das Technische: sowohl bei der Vorbereitung der Präsentation als auch bei seiner Auswertung. Die Themen werden gegenüber der Form ihrer Darstellung sekundär. Eine Präsentation soll zwar in dem Maße als gelungen bewertet werden, wie die Schüler sich mit ihr in der Lage zeigen, kompetent und sachangemessen tatsächliche Erkenntnisse vorzustellen. Faktisch gesehen aber zeigen die analysierten Vorführungen, dass die tatsächliche Relevanz des Vorgestellten gegenüber der Vorstellung fast bedeutungslos wird. Nur selten meldet sich Kritik an, die sich offen auszusprechen getraut, man habe nichts wirklich Neues erfahren. Ansonsten herrscht die Übereinkunft darin, dass in diesem Zusammenhang vor allem zähle, wie gut man sich darstellen konnte. Gelungene mediale Inszenierung gilt als Ausweis von Kompetenz, und zwar unabhängig davon, was gezeigt wurde (vgl. Gruschka 2008).

Mit all diesen didaktischen Fehlformen (Verfälschung durch Vereinfachung, durch Schematisierung, durch Aktualisierung, durch Analogiebildung, Entsorgung des Inhalts durch Medienkonsum, durch Umarbeitung, Trivialisierung und Kontrolle) soll angeblich der Unwilligkeit und der Unfähigkeit der Schüler bei der Arbeit an den Sachen aufgeholfen werden. Entgegen der in der öffentlichen Debatte weitverbreiteten Annahme von vielen leistungsunwilligen und unmotivierten Schülern zeigen uns jedoch die erhobenen Daten trotz der durch Unterricht vielfach hervorgerufenen Enttäuschung vonseiten der Schüler ein bemerkenswertes Maß an Kooperationsbereitschaft sowie Interesse an den verhandelten Gegenständen. Das wird besonders eindrücklich in solchen Stunden, in denen sich dem Beobachter mit den massiven Disziplinproblemen der Eindruck aufdrängt, man habe eigentlich keiner Veranstaltung mit dem Titel Unterricht mehr beigewohnt. Trotz des allgemeinen Tohuwabohus artikuliert sich dort sowohl ein starkes Interesse von Schülern am Unterricht als auch ein Interesse der Schüler an der Erkenntnis des behandelten Inhalts. Sobald es vernehmbar genau um das geht, verzeichnen die Transkripte nämlich regelmäßig ein starkes Abflauen des Geräuschpegels.

Ein nicht unwesentlicher Teil der Disziplinprobleme wird damit als Reaktion auf einen sachlich diffusen, vor allem auf einen unterfordernden Unterricht verständlich. Das gilt auch, wenn viele Schüler die didaktischen Spiele mitspielen, denn als solche erscheint nicht selten Unterricht dem Beobachter, vor allem dann, wenn variantenreiche Quiz-Elemente zur Anwendung kommen: So manche Schüler lassen sich nur schwer verdrießen, auch wenn sie wiederholt die Erfahrung gemacht haben, dass ihre Fragen schlicht nicht beantwortet werden, lassen sich immer wieder neu für die Fragen begeistern, die der Lehrer stellt. Dabei vermögen sie oft sehr genau zu unterscheiden, was der Lehrer und was die Sache von ihnen verlangt.

Die Erwartungshaltung des Lehrers ist oft eindeutig. Die Schüler bemühen sich entsprechend darum, die Perspektive zu bedienen, von der sie annehmen, sie werde so vom Lehrenden eingenommen. Sie liefern dann ein Echo auf Fragen, denen oft die Antwort bereits abgelesen werden kann. Das geschieht vor allem durch Reproduktionsleistungen, die nicht selten anders benannt werden. Ein Beispiel: »L.: Analysieren wir mal den Text. Was sagt Strasser in seiner Rede?« S. liest vor, was er im Textblatt unterstrichen hat, und wird dafür gelobt. Dergleichen Kommunikation hält den Unterricht in Gang. Irritiert wird der

Fortgang, sobald Schüler aufmerken und den Sinn des Vorgelegten befragen. Untersucht man solche Rückfragen, indem man sie wörtlich liest und ernst nimmt, zeigt sich oft, dass Schüler auf den Kern des Problems stoßen und ihn außergewöhnlich gestaltsicher zu artikulieren vermögen, obwohl ihnen doch (scheinbar) die fachlichen Voraussetzungen fehlen. Die Rückfragen zeigen mit ihrem Interesse an der Sache das Gegenstück zur allfälligen Bereitschaft anderer Schüler, den Schein der Erarbeitung zu wahren. Diese liefern die formelhaft gestanzten Antworten, die zwar als brauchbar gelten, aber nicht unbedingt Verständnis ausdrücken, aber (etwa durch Tafelanschriebe) als Ergebnis sanktioniert werden.

Die Schülerreaktionen verweisen darauf, welche Form von Fachlichkeit im Unterricht tatsächlich ankommt. Es ist auf der einen Seite das geschäftsmäßige Hervorbringen von Ergebnissen, die die Schüler als den eigentlichen Lernstoff begreifen lernen. Das betrifft gleichermaßen Formel, Regel, Begriff und Modell.

Auf der anderen Seite aber lässt sich nicht verhindern, dass auch ein instrumentell eng geführter Unterricht immer wieder die in den Erscheinungen des Faches sich anzeigenden übergreifenden Erkenntnismodi und Fragestellungen thematisch werden lässt, nämlich seine Gegenstände, Grundbegriffe, Methoden und Paradigmen. Es zeigen sich nämlich letztlich in jeder Unterrichtsstunde Ansätze für das »Kategoriale« im Sinne des Mathematischen, des Biologischen, des Physikalischen, Sprachlichen, Fremdsprachlichen, Historischen, Gesellschaftlichen, Religiösen oder Künstlerischen. Die aufgewiesene Didaktisierung führt jedoch dazu, dass nicht diese Verstehensdimensionen aufgegriffen werden, sondern der Unterricht stattdessen operativ unterkomplexe Lernleistungen abverlangt. Solches geschieht freilich nicht selten im Medium einer anspruchsvollen Thematik.

So wird der Mathematikunterricht vor allem durch die schlechte Kompromissbildung und die diffuse Haltung zum Gebot der Vermittlung operativen Regelwissens, des mathematischen Verständnisses und der Plausibilisierung der Relevanz der Mathematik mit der Lösung praktischer Aufgaben bestimmt. Nicht selten werden alle drei Dimensionen in einer Stunde in ihrer Unvermitteltheit deutlich. Ein Beispiel:

Eine Stunde der 6. Klasse beginnt mit »Kopfgymnastik«, der prüfend übenden Wiederholung von Formeln und »Päckchen«: »L.: 24 × 3? Michael. M.: 72! L.: Super. 8 × 2 × 3, Sybille.« Die leitet über zu Definitionsfragen (»Wer erklärt mir mal den Unterschied zwischen einer Strecke und einer Geraden?«), die nun notwendig in ihrer Präzision auf mathematisches Verständnis abheben, und wird zu ihrem thematischen Höhepunkt geführt: Ein Fischzüchter ärgert sich darüber, dass man Fische aus seinem Teich stiehlt. Er will einen Zaun bauen, um das zukünftig zu verhindern. Wie muss er diesen Zaun anlegen, um sein Ziel zu erreichen und gleichzeitig möglichst wenig Geld für den Zaun zu bezahlen? Die damit gestellte Optimierungsaufgabe wird von einigen Schülern ernst genommen, von anderen nur als Hinweis gelesen, man solle wohl ein Vieleck zeichnen und dann durch Addition der Seitenlängen ausmessen, wie groß sein Umfang (und damit der des Zaunes) wäre. Diese Schüler liegen, wie sich im Verlaufe des Unterrichts zeigt, richtig. Andere Schüler hindert die Vorerfahrung zum fehlenden

Ernst »eingekleideter Aufgaben« nicht daran, sich stellvertretend den Kopf des Fischzüchters zu zerbrechen.

Das Beispiel lässt sich im Prinzip auf viele andere Stunden übertragen und zeigt die so häufig anzutreffende Unentschiedenheit von Unterricht bei der Thematisierung der drei genannten Aspekte und ihre fehlgehende gegenseitige Vermittlung: Geübt wird isoliert als Memorierung, problematisiert zuweilen anlässlich der Definition einer Geraden, ohne dass freilich das Faszinosum des Mathematischen herausgearbeitet würde. Die Definition wird letztlich als ein Lernstoff behandelt, dessen Verstehen aber gar nicht vorausgesetzt werden muss. Das Mathematische in der Modellierung wird mit der Optimierungsaufgabe zwar thematisch, aber die Einkleidung erweist sich – wie wohl so oft – als Köder, auf den nur die mit Lebensnähe »angefütterten« Schüler hereinfallen: Sie lassen sich vom Versprechen der praktischen Relevanz der Aufgabe täuschen. Der Lehrer scheut sich, die Schüler die gestellte Fischteichaufgabe lösen zu lassen, sei es, weil er sie dafür nicht für fähig erachtet, sei es, weil er in der Klassenarbeit eigentlich nur den Umfang eines Vielecks behandeln wird. Die Rekonstruktion der Stunde macht darauf aufmerksam, dass schon bei der Kopfgymnastik mathematisches Verstehen relevant wird und dass die Definitionsübung die Spannung zwischen operativer Einsicht und mathematischem Verständnis heraustreibt, während schließlich die Anwendungsaufgabe das auf höherem Niveau wiederholt.

In den Naturwissenschaften lässt sich durchweg beobachten, dass der Arbeits- und Denkstil dieser Fächer die Didaktik demonstrativ bestimmt. Damit ist mehr gemeint als die triviale Tatsache, dass (neben dem bekannten Kreideunterricht) die Schüler sich im Physikraum und Chemieraum befinden, damit sie dort sehen oder auch ausführen können, was Physiker und Chemiker treiben, nämlich vor allem »Experimente«. Gemeint ist damit, dass das Paradigma der Naturerkenntnis ihnen sinnfällig gemacht werden soll. Dabei kommt es aber wiederum zu einer oft unproduktiven Kompromissbildung zwischen wissenschaftlicher Methode, Problemstellung und didaktischer Inszenierung. Das beginnt damit, dass bloß angekündigt wird, ein Experiment würde stattfinden. In Wahrheit wird – vorausgesetzt, dass das wissenschaftshistorisch gesehen überhaupt möglich ist – ein klassisches Experiment nachgestellt. Geht es direkt didaktisch zu, wird ein Versuch sogar nur vorgespiegelt: So wird etwa ein einfaches Modell für einen Stromkreis aufgebaut, um den Unterschied zwischen einer Reihen- und einer Parallelschaltung zu demonstrieren. Für den Arbeitsprozess erweist sich diese Form der Inszenierung als strukturbildend. Die Schüler schauen zu, was passiert, wenn man hier und dort eine der beiden Birnen herausschraubt, und stellen fest: Bei der einen Schaltung geht auch die andere Birne aus, bei der anderen nicht. Der Stromkreis ist unterbrochen oder nicht unterbrochen. Etwas Präfiguriertes wird nachvollzogen, man registriert, was passiert, wenn ...

Der Erkenntnismodus des Experiments impliziert aber eine völlig andere Praxis. Entweder zielt es auf die Entdeckung der Strukturgesetzlichkeit eines Zusammenhanges durch eine kontrollierte Variation der Bedingungen nach Maßgabe von Hypothesen auf der Basis eingebrachten Wissens oder aber es dient im Anschluss an den Entdeckungszusammenhang der modellartigen und theoretisch eingeordneten Demonstration des Zusammenhanges. Für die Schüler macht es einen gehörigen Unterschied aus, ob sie durch die Anordnung eine Beobachtung machen sollen, die ihnen hilft, etwas über die Funktionsweise des Systems der Schaltungen herauszufinden, oder ob sie nach einem Bauplanmodell einen ›Versuch‹ durchführen müssen, dessen Ergebnisse ihnen wenig sagen (Birne brennt, brennt nicht). In ersterem Fall achten sie auf die präzise Anwendung des Rezepts, in jedem suchen sie nach Antworten auf Fragen bzw. entwickeln sie Fragen nach Beobachtungen.

Diese Logik schulischer »Experimente«, die sich aus dieser schlechten Kompromissbildung ableitet, lässt sich auch im alltäglichen Unterricht vielfach bestätigen. Die Mikroskope, die genutzt werden sollen, funktionieren oft nicht oder nur schlecht; die Leuchtbirnen sind durchgebrannt; gemessen wird nicht wirklich präzise, sondern »Pi mal Daumen«, weil der Messfehler durch das bereits bekannte Ergebnis korrigiert werden kann usw. Interessant ist zu beobachten, wie die List der Sache die didaktische Rahmung übertrumpft. Bauen Schüler etwa die Reihen- und Parallelschaltung nach und produzieren sie dabei Fehler in der Versuchsdurchführung, so führt sie das nicht nur zur Aufforderung, eine neue Leuchtbirne zu holen, sondern auch zu experimenteller Neugier. Sie stellen Rückfragen an die Gesetzmäßigkeiten der Physik im Versuch, wenn sie etwa im Rahmen des Protokolls über dessen Funktion hinausschießen. Und bei der Aufgabe, genau zu beschreiben, was sie sehen, fangen sie, affiziert mit Forscherneugier, an, Hypothesen darüber zu bilden, warum eintrifft, was sie beobachten (»Ich weiß warum, ich weiß warum, ich weiß warum!«, »Ich hab 'ne Idee, hahaha!«): Sie stoßen auf physikalische Grundlagen, die im Versuch erkennbar werden (elektrischer Strom und die Elektronen im Atom). In der Stunde bemerkte S1 (auf den entsprechenden Vorschlag): »Man kann nicht schreiben: Die Elektronen laufen da unten (am zweiten Strang der Parallelschaltung – A. G.) nicht mehr lang. S2: Ihr müsst nur das aufschreiben, was ihr wirklich seht! S1: Wir sind aber bei der Erklärung.«

Auch in denjenigen Schulfächern, die es mit materialen Zeugnissen der sinnstrukturierten Welt zu tun haben, also vor allem in den sprachlichen, künstlerischen und sozialwissenschaftlichen Fächern, drängen sich methodische Grundfragen immer wieder im Unterricht auf. Das liegt wohl auch am Kontrast zur Mathematik und den Naturwissenschaften, die als sogenannte »harte Fächer« auch deswegen gelten, weil in ihnen nichts zu diskutieren sei und die Wahrheiten feststehen, Fehler sofort erkannt werden usw. Dieses Bild – ein Produkt der vermittelten Fachlichkeit – schlägt nun auf die anderen »Fächer« zurück und sorgt unausgesetzt für Irritationen, aber auch für produktive Verunsicherung. Im Zentrum stehen dabei die Interpretation von Texten und damit die Methoden ihrer Sinnerschließung. Hier ist vor allem die oft unbegreifliche Differenz auffällig zwischen der durch den behandelten Text hervorgerufenen Nötigung einer genauen Lektüre und der fehlenden Einrichtung einer entsprechenden Bemühung im Unterricht. Lektüre von Texten wird in den von uns analysierten Stunden vor allem in einer Weise methodisiert, wie wir sie vom Methodentraining her kennen. Sie rechnet mit einem leseunfähigen, kenntnislosen und an der kürzesten Leine zu führenden Schüler. Ein massenhaft auftretendes Beispiel ist die Unterstreichübung.

Die Schüler werden also nicht mehr in die Texterschließung verwickelt, also in eine Bestimmung der Textsorte und der damit verbundenen Aussagentendenz, in eine kritische Prüfung der Konsistenz und des Informations- und Erklärungsgehalts, der rhetorischen Mittel, in eine streitbereite Produktion von Lesarten und in eine Zusammenführung einzelner Beobachtungen zu einem Gesamtbild. Anstelle entsprechender Zugriffe erfolgt die Sammlung und willkürliche Ordnung sowie Disziplinierung durch allein in ihrer Funktion in und für die Leistungsüberprüfungen durchsichtige Ordnungen und Konventionen.

Aber diese Brechungen bleiben nicht unbemerkt und provozieren viele Formen des Gegenhaltens, Unterlaufens, aber auch die eines »Dienstes nach innerlich abgelehnter Vorschrift«. Und viele kritische Kommentare der Schüler wie auch ihre an solchen Stellen häufig aufbrechende Ironie lassen sich verstehen als Überträge der in der hermeneutischen Lebenspraxis angehäuften Erfahrung und den dort bewährten Interpretationsverfahren. Besonders eindrücklich wird dies überall dort, wo die Sprache selbst Thema des Unterrichts und wo sie im angedeuteten Sinne zur Charakterisierung von Unterricht genutzt wird. Eines der Vergnügen, das dem Forscher durch das Material bereitet wurde, besteht in der Verfolgung sowohl des aufklärenden Witzes, mit dem die Schüler (und zuweilen auch ihre Lehrer) sich einbringen, als auch in der Verfolgung der sprachlich ungemein gestaltsicheren, präzisen Metakommentare, die Schüler über den Unterricht zuweilen liefern. Diese Geistesgegenwart wiederum steht im krassen Gegensatz zu der durchgängigen Tendenz, die fachlichen Ansprüche an das Verstehen von Texten zu ermäßigen.

Es lässt sich eine so schlichte wie außerordentlich voraussetzungsreiche und praktisch schwer einzulösende Pointe aus den Beobachtungen formulieren: Der Unterricht leidet am Schwund der Fachlichkeit, die gleichwohl durch seine Form allemal hervorgetrieben wird, so dass nichts dagegen spricht (um einen pädagogischen Aphorismus von Hartmut von Hentig aufzugreifen), die Sachen zu klären und damit die Schüler zu stärken.

Modelle der neuen Erziehung in und durch Schule

Lange überschatteten die Aufregungen über PISA alle anderen drängenden Probleme der Schule. Mit den mangelhaften Lernergebnissen der Schüler wurde die Krise der deutschen Schule als eine Krise der Bildung beschworen.

Hört man dagegen nicht auf die Mitteilungen des PISA-Konsortiums und deren Kommentatoren in Politik und Publizistik, sondern tut sich dort um, wo Praktiker über die Schule berichten, scheint die Krise der Schule vor allem ein Notstand der Erziehung selbst zu sein. So ist etwa das Ausmaß an Klagen über Erziehungsmängel und -probleme, das die jüngsten Selbstbeschreibungen von Schulen wie etwa in den Schulprogrammen prägt, außerordentlich (vgl. Gruschka 2003). Aus den Haupt- und Realschulen kommen die umfangsreichsten Problemschilderungen, aber auch Gymnasien entdecken immer mehr die Erziehung als besonders schwierige und zentrale Aufgabe. Manche Schule bemühte sich darum, ihre sich jeder Form von Erziehung verweigernde Schülerschaft so zu schildern, damit von vorneherein verständlich werde, dass ihr trotz aller aufgewandter, didaktischen Kunst unmöglich noch das curricular Geforderte beigebracht werden könne.

Die Liste der Defizite in Sachen Erziehung ist lang. Sie beginnt beim Fehlen aller Attribute, die eigentlich beim Schüler zu erwarten wären, und fokussiert sich in der Klage über die Abwesenheit von Tugenden. Ist nämlich von Erziehung die Rede, wird durchweg Tugend eingefordert. Mit Erziehung beschränkt man sich also nicht auf von bestimmten Rollenerwartungen abgeleitetes Instrumentelles, sondern will mit ihr Grundlegendes bewirken. Erziehung setzt damit nicht an der Jahrgang für Jahrgang sich neu einstellenden konflikthaften Normalität der geduldigen Vermittlung und Aneignung von schulischem Verhalten an, sondern hat immer schon die Defizite der Erziehung im Auge. Merkwürdigerweise kann umso unbedenklicher eigentlich alles gefordert werden. In den Selbstbeschreibungen der Schulen lassen sich finden:

a) die klassischen Kardinaltugenden (Gerechtigkeit, Tapferkeit, Besonnenheit, also das handlungsleitende Wissen um das Gute und das Schlechte, aber auch der Großzügigkeit),
b) christliche Tugenden (Glaube, Liebe, Hoffnung),
c) die sekundären Tugenden (Fleiß, Pünktlichkeit, Zuverlässigkeit, Ehrlichkeit)
d) und die von diesen nochmals abgeleiteten tertiären Ziele, die sich unter anderem in den elementaren sozialen Umgangsformen und der Bereitschaft zu zivilisierter Kommunikation, in Ordentlichkeit der Heft-

führung, Organisiertheit der Arbeit oder der Belastbarkeit bei Kritik ausdrücken.

Die Klage wird dringlicher, je abgeleiteter die Tugenden sind, d. h. je stärker sie an die konkreten Vorstellungen von einem gutwilligen und folgsamen Schüler anknüpfen.

Es liegt kein empirisches Wissen darüber vor, ob es die gegenwärtig die Schulen verunsichernden Schülergenerationen in deutlich höherem Maße an all diesen Tugenden fehlen lassen als frühere Generationen. Jedenfalls ist ein eklatantes Missverhältnis zwischen den couranten Urteilen aus und über die Praxis der Schulen und vorliegenden dichten Beschreibungen und Analysen festzustellen. Nicht selten wird mit unumstößlichen Urteilen gehandelt, als wären sie durch Beobachtungen realer Geschehen entstanden. Ich erinnere nur an die Kurzschlüsse über die Gewalt an Schulen. Oft wurden schon die Befindlichkeit, wurden die Eindrücke und Gefühle gegenüber einer sich ausbreitenden Gewalt als gültige Aussagen über tatsächliche Gewalt behandelt. Eine von den Medien aufgeputschte Öffentlichkeit sah dann auch tatsächliche zunehmende physische Gewalt an Schulen, selbst dann, wenn sachliche Indikatoren wie die tatsächliche Rate verletzter Schüler einen Rückgang verzeichneten.

Damit soll nicht behauptet werden, wir hätten allen Anlass, vom Gegenteil auszugehen. Ratsam wäre aber, ein gehöriges Maß an Skepsis und Bereitschaft zur Prüfung der Geltung von Behauptungen anzuwenden, ohne die wir uns in Glaubenskriege verstricken oder verantwortungslose Klagen über den Verfall von was auch immer führen.

Warum aber schwillt die Klage einstimmig an, ohne dass sie entsprechend empirisch belegt werden könnte?

Verlusterfahrung prägt den Diskurs. Sie ist eine doppelte: Gerichtet ist sie auf die Abschaffung wirkungsvoller alter autoritärer Mittel der Erziehung bzw. auf die Erinnerung daran, dass man einmal nicht allein war mit den Erziehungsbemühungen, sondern mit den Eltern und der Gesellschaft rechnen konnte, wenn man den Schülern durch geeignete Mittel ihre Grenzen aufwies. Sodann besteht sie in der Erfahrung, dass mit den – nach der Reform der 1960er Jahre einsetzenden – humaneren Mitteln eines partnerschaftlichen Umgangs das Schülerverhalten nicht positiv geprägt werden konnte. Zugleich nimmt der Problemdruck subjektiv oder auch objektiv in dem Maße zu, indem das Schulsystem durch den Ausbau von Kontrollmaßnahmen auf Leistungssteigerung getrimmt wird, gleichzeitig aber der Lohn als Anreiz für die Leistungserbringung immer unsicherer wird. Kommt auch noch die Ohnmachtserfahrung gegenüber der Integrationsaufgabe heterogener Schülergruppen und der Exponenten der Abweichung unter den Schülern hinzu, ist es leicht, den Ruf nach Ordnung durch Erziehung zu verstehen.

Diesen Ruf übernimmt stellvertretend die pädagogische Publizistik. Ein Beispiel: In ihrer Schrift für Lehrer mit dem einladenden Titel *Jetzt reicht's: Schüler brauchen Erziehung! Was die neuen Kinder nicht mehr können, und was in der Schule zu tun ist* (2007) listet Gabriele Kreter Defizite an Respekt gegenüber Erwachsenen, an Arbeitstugenden und am Sozialverhalten auf. Als Protagonistin der neuen Erziehung postuliert sie, dass die Kinder nicht mehr:

»[…] Älteren den Vortritt lassen, schweigen, wenn andere reden, Verantwortung für Ordnung und Sauberkeit übernehmen, Schwachen beistehen, Regeln akzeptieren, bei (eigenem) Fehlverhalten für (eigene) Konsequenzen eintreten« (Kreter 2007, S. 43).

Komplementär stellt sie eine große Mutlosigkeit bei Lehrern in Bezug auf die Erziehbarkeit fest. Sie würden sich mit Killerphrasen ausdrücken:

a) »Wir sind doch Lehrer und keine Therapeuten!«
b) »Wir können doch nicht aufarbeiten, was in den Elternhäusern versäumt worden ist!«
c) »Die da oben sollten uns erst mal besser ausstatten, bevor sie von uns etwas Neues verlangen!«
d) »Mit uns kann man es ja machen, wir sind doch die Prügelknaben der Nation! Ja wenn wir nur deutsche Schülerinnen und Schüler hätten, aber wir haben doch so viele Ausländer und Aussiedler.« (Kreter 2007, S. 59.)

Gegen diese, in ihren Augen, Ausreden verlangt die Verfasserin den schlichten Mut zur Erneuerung der Erziehung. Er besteht für sie vor allem in der Aufstellung von Regeln und der Verabredung von Ritualen. Beides würde Kindern helfen, erwünschtes Verhalten anzunehmen.

Der Markt an Erziehungsratgebern boomt seit einigen Jahren. Waren verunsicherte Eltern die Ersten, die zu dieser Literatur griffen, kommen nun immer mehr die Lehrer als Adressaten in den Blick.

Auch wenn in den Büchern manches zu den genuinen

Aufgaben der Erziehung zu finden ist, die die Heranwachsenden nicht in erster Linie als bereits hoffnungslos Verdorbene oder zumindest hochgradig Gefährdete betrachten, dominiert doch die Haltung von Sozialingenieuren, die einen Dammbruch noch in letzter Sekunde stopfen wollen.

Bis vor einigen Jahren prägten die Erziehungsliteratur entweder das Vorbild des althumanistisch inspirierten Hartmut von Hentig (2003) oder das als neohumanistisch sich verstehende Ehepaar Tausch (1977), das den Erzieher als Begleiter, Freund und bejahenden Förderer der Kinder vorstellte, oder eine Literatur, die uns mit den ungelösten und nicht lösbaren normativen Konflikten einer Erziehung irritierte: Eine Erziehung, die nicht kann, was sie dennoch unausgesetzt soll, sei es mit dem Leitbild der Kritik, Mündigkeit und Emanzipation oder aber im Gegenzug dazu mit der Übernahme konservativer Werte wie Gehorsam gegenüber Autoritäten, Pflichterfüllung, Liebe zum Vaterland (Oelkers 1992, 2001).

Heute wird im Vergleich zu dieser Erziehungsliteratur nicht mehr grundsätzlich argumentiert, sondern handfest phantasievoll erzogen. Auf diese Weise sollen die Konflikte und ihre Reibungsverluste für das pädagogische Tun minimiert werden, die aus der Tatsache erwachsen,

a) dass Schüler nicht mehr tun, was sie tun sollen,
b) sich nicht mehr so verhalten, wie man es von erzogenen Menschen erwarten muss,
c) und dass man mit den üblichen, uns verbliebenen Mitteln, den abweichend sich Verhaltenden nicht mehr erreichen und das Verhalten nicht mehr abstellen kann.

Bevor exemplarisch vorgestellt wird, was sich hier alles tut, sei ein Rückblick riskiert und gefragt, was denn nun sich tatsächlich geändert haben könnte, oder im Begriffe ist, sich zu ändern. Gemeint ist damit nicht die Untersuchung bloß der Oberfläche der Erscheinungen, sondern ein Blick auf die strukturellen Bedingungen von Schule im Verhältnis zu ihrem Umfeld.

In den frühen Schriften zur Schule artikulierte sich der Prozess der Habitusformation durch Erziehung, der daran ansetzt, aus den keineswegs schon für Schule disponierten jungen Menschen (seien sie Abkömmlinge der herrschenden Schichten, seien es die von Paupern) Schüler zu machen. Etwa der Pietist August Hermann Francke (1663–1723) versuchte mithilfe ausgetüftelter Strafkataloge und -prozeduren, dem naturwüchsig rohen Konflikt schnell entflammter Affekte zwischen »Praezeptoren« und »Eleven« eine pädagogische Formung angedeihen zu lassen. Die Hand oder Faust sollte nicht mehr spontan ausrutschen als Reaktion auf unbotmäßiges Verhalten der Schüler. Anstelle dessen sollten die vier Schritte: (1) Beschreibung des Geschehens, (2) Belehrung, (3) Besinnung und (4) reinigende Strafe vollzogen werden. Die Anweisungen an die Praezeptoren enthielten präzise Hinweise, wie die pädagogische Zeit durchgeplant werden sollte und wie sich dabei rituelle Übungen zur inneren meditativen Formung des Verhaltens mit äußeren (Arbeits-)Übungen zu sachlichen Aufgaben abwechseln sollten. Und schließlich versuchte Francke sicherzustellen, dass die Eltern seiner Internatseleven das in Halle in Gang gesetzte Erziehungswerk nicht durch unauffälliges andersartiges Verhalten zuschanden machten. In den Anweisungen an die Eltern ging er so weit, diesen zu empfehlen, die Heimatbesuche für die Kinder besser ausfallen zu lassen, damit auf der Reise oder in der anders gestimmten Umgebung nicht das zerstört würde, was in den Anstalten mit so viel Mühe aufgebaut worden war.

Auf diese Grundtendenz hat die philanthropische Bewegung aufgebaut (Joachim Heinrich Campe, 1746–1818) und zugleich die Hoffnung Jean-Jacques Rousseaus (1712–1778) verfolgt, es sei möglich, statt gegen den ›bösen und sündigen Adam‹ mit der guten Natur der Kinder zu arbeiten, um aus ihnen »industriöse Bürger« zu machen. Erzogen wurde in den Einrichtungen unter Zuhilfenahme vieler symbolischer Mittel: Die Schüler trugen etwa einheitliche Schulkleidung, die sie zumindest vom Aussehen her gleich machte, doch zugleich nicht wirklich gleich, denn der angehende Herr lernte in Dessau seinen angehenden Diener bereits in der Schule kennen. Aber immerhin wurde damit der Geist einer Schulgemeinde erzieherisch ausgedrückt.

Die Institute waren erfinderisch bei der Suche nach erzieherischen Spielen und Verkehrsformen. Davon zeugen die vielen Dienste, die es zu verteilen galt, und die neuen Lobmethoden, wie etwa die öffentlich ausgestellten Meritentafeln, die den individuellen Weg der Bewährung an den gesetzten Verhaltensnormen dokumentierten. Vorbilder wurden allenthalben herausgestellt und ihnen im Wettbewerb nachgeeifert.

In zugespitzter Form vollzog sich das auch in der Erbauungsliteratur der Bewegung: Die Kinder, die unter dem Apfelbaum der Erkenntnis sich niedergelassen hatten, um Vater Campes Erzählung des *Robinson Crusoe* zu folgen, waren nicht müßig, sondern wollten während der Erzählung »Erbsen krüllen« und letzte Stiche bei der Vollendung der Handarbeit verfertigen. Im Anschluss der Erzählung wollten sie Robinsons Erfindungen nachvollziehen.

Produktive Arbeit bekam als Erziehungsmaßnahme einen hohen Stellenwert eingeräumt. Tendenziell wurde in den Anstalten eine hermetische Umgebung von Rousseau'scher Dichte konzipiert, die freilich so sehr den unterstellten Bedürfnissen der Kinder entgegenkam, dass diese nicht merkten, wie sehr ihr Verhalten erzieherisch determiniert wurde. In diesem Rahmen gab es keine Erziehungsprobleme mehr, sondern nur noch den gut geplanten Selbstlauf einer bürgerlichen Habitusformung.

Unabhängig davon, was davon Phantasie und was technologischer Erfolg war, ging es in den normalen Pionieranstalten der Schule anders zu. Man ist, wenn man die vielen Inspektionsberichte nachliest, die über verwahrloste Schulen von heute zu uns dringen, an manche der Beschreibungen erinnert, die vom Chaos und der Anarchie der Schulstube der letzten Jahrhunderte erzählen. Michel de Montaigne (1533–1592) erinnerte sich mit Schaudern an die »gellenden Schreie«, die aus den Schulstuben nach draußen schallten: Hinweise auf verzweifelte Erziehungsversuche. »Manum ferulae subducere« (›Die Hand der Rute entziehen‹) galt als Bild für den Zwang, in die Schule gehen zu müssen. Aber es begegnen einem nicht nur diese Kommentare, sondern auch ironische Gegenkommentare, die vom heiteren Ernst einer frühen Erziehung durch die Schule berichten, in der Schüler ungestört sich eine Auszeit mit einem Nickerchen leisten können, Schüler sich gegenseitig unterrichten und über ihrem Schabernack nicht vergessen, sich für die Eroberung der Schrift, der Zahlen und der Symbole zu interessieren. Von all dem berichten die Bilder Jan Steens (um 1626–1679) aus dem Holland der ersten durchgesetzten öffentlichen Erziehung in der Mitte des 17. Jahrhunderts, von der ganzen Ambivalenz einer Erziehung in der Schule, die zugleich voller Repressionen steckt und doch gleichzeitig auch von Gelassenheit geprägt ist, in der Fremderziehung sich mit Selbsterziehung mischt und Selbstregulation bereits in hohem Maße unter den Kindern stattfindet (vgl. Gruschka 2005b).

Als gegen 1880 die Schule institutionell, professionell und auch zivilisatorisch durchgesetzt worden war, hatte sich ihr Verhältnis zur Erziehung etwas entspannt, zugleich aber formierte sich die Anklage der Reformpädagogik, die Schule würde mit ihrer Erziehung die Seelen der Kinder töten. Phylogenetisch, also aus dem Blickwinkel der allgemeinen Entwicklung betrachtet, ist die Erziehung zum Bürger als Normalfall durchgesetzt, ist ihre Notwendigkeit zur zweiten Natur geworden. Aus dem »Wir wollen Bürger werden« ist das »Wir müssen Bürger sein« geworden. Und diesem Zwang unterwirft man sich ergeben. Ontogenetisch, also aus dem Blickwinkel der Entwicklung des einzelnen Individuums betrachtet, muss solches aber bei jeder neuen Generation wiederholt werden. Die Volksschule macht aus den Kindern Schüler, deren leistungsstärkere als auch besser erzogene Minorität auf das Gymnasium wechseln darf. Das Gymnasium vor der vorletzten Reform erzog im Medium des Unterrichts, vermittelt über die Regeln für die Insassen unter dem »besonderen Gewaltverhältnis« und mit den zuweilen nostalgisch erinnerten und heute zugleich wie vergessen behandelten Sanktionskatalogen.

Zeigten die Schüler keine Wirkung auf diese Erziehung, so wurde das Problem an die Stelle weitergereicht, wo es entstanden sein musste: Der Tadel, der ins Elternhaus geschickt wurde, galt dort als Aufforderung, das inkriminierte Verhalten abzustellen. Die meisten Lehrer wollten sich an diesem Geschäft nicht mehr die Hände schmutzig machen. Ihr dennoch weitgehend hemmungslos genutztes Erziehungsmittel lag in den Schulnoten als sachliche Folge der nicht gezeigten Aufmerksamkeit und des Fleißes, die nicht selten über Sein oder Nichtsein entschieden. Am Ende dieser Epoche wurde die einsetzende Erziehungsabstinenz nicht zuletzt auch darin ausgedrückt, dass die sogenannten Kopfnoten (also Noten für Betragen) entfielen (die selbst vor allem als Elterninformationen verstanden wurden). Eine gewisse Zeit ging man also davon aus, dass die einzigen Erziehungsberechtigten die Eltern der Kinder seien.

Das, was im Gymnasium so pointiert beansprucht werden konnte und gleichwohl allerlei Repression als Strafpraxis und Bemühen um Erziehung möglich machte, war auch für die anderen Schulformen bestimmend, wenngleich die Formen sich wohl nicht unwesentlich unterschieden. Die Schule war allemal stark genug, als eine mit Sanktionskatalogen bewehrte Macht die Schüler in Schach zu halten, und auch deswegen rächten sich diese mit ihren nicht selten bösen Streichen. Wer erinnert sich nicht an so manche Opfer unter den Schülern, aber auch solche unter den Lehrern. Aber zugleich gab es gegen die Kälte der Anstalt Lehrer als Erzieher von Menschen und eben auch solche, die die rohe Natur weiterhin als solche behandelten. Heute würde eine derart harte Reaktion eines Lehrers nicht mehr durchgehen bzw. zu einem Problem eigener Art werden. Auch die Eltern sind nämlich andere geworden.

Viele Väter nahmen die pädagogischen Hinweise der Lehrer als Gesetz für ihr Handeln in Empfang. Heute müssen Lehrer mit massivem Druck, wenn nicht mit Schlimmerem rechnen, sobald sie die Eltern für Erziehungsmängel verantwortlich machen, die sich in der Schule zeigen. Als Retourkutsche hören sie, dass diese Erziehungsmängel gerade auf das Versagen der Lehrer hinweisen würden. Vielfach stehen Eltern als Erzieher nicht an der Seite der Lehrer, ja nicht einmal als Ansprechpartner den Lehrern zur Verfügung.

An dieser Stelle schließt sich der Kreis. Ging es August Hermann Francke noch um ein konsequentes Arbeitsbündnis mit den Eltern seiner (Internats-)Schüler, damit diese genau an demselben Strang ziehen, den die Lehrer in die Hand bekommen hatten, machen avancierte Schulen heute wieder auf gleiche Weise ernst. Hildesheims ehemaliger Bischof Josef Homeyer (1929–2010) erklärte vor einigen Jahren stolz, dass in den kirchlichen Schulen seines Bistums die Eltern sich schriftlich unter anderem dazu verpflichten mussten, den Fernsehkonsum ihrer Kinder auf ein erträgliches Maß zu reduzieren. Würde das nachweislich nicht eingehalten, verliere der Schulvertrag seine bindende Wirkung. Ähnlich hätte sich Francke verhalten. Schnell wird klar, dass nicht nur dieses, sondern dass so manches, was heute als die neue Erziehung empfohlen wird, tatsächlich zur alten zählt.

Der Unterschied ist dennoch von grundsätzlicher Art: Francke musste zuallererst Schule als solche durchsetzen, heute geht es vermeintlich darum, die etablierte Schule vor ihrer Überforderung durch die für und gegen Schule bereits Sozialisierten mithilfe erfolgreicher Nacherziehung zu retten.

Wir erleben also gegenwärtig, ähnlich wie schon zur Zeit der Konstitutionsphase der öffentlichen Schule, eine gesteigerte Erwartungshaltung an die Erziehungsleistung der Institution. Mit Erziehung soll Schule wieder zur Schule des erfolgreichen Unterrichts werden können.

Freilich entspricht die gesteigerte Erwartung an Erziehung nicht einem gleichsam organisch mit dieser Erwartung gewachsenen Repertoire an Erziehungsmaßnahmen. Im Gegenteil war ja eine Abrüstung gerade an der Stelle festzustellen, die Franckes Anstalt zu einer der Zivilisierung der rohen Natur hatte werden lassen: Die Sanktionsgewalt des alten Lehrers ist nicht mehr existent. Aus diesem Grunde müsste Erziehung eigentlich neu erfunden werden.

Es gälte Siegfried Bernfelds (1892–1953) Vorwurf zu dementieren, nach der trotz aller didaktischen Erfindungen Schule sehr sparsam war in der Erfindung von Mitteln der Erziehung. Im Wesentlichen habe sie es nur auf drei Mittel gebracht, nämlich Lob, Strafe und Identifikation mit dem Lehrer:

> »Wahrscheinlich ist es gar nicht möglich, ein wirklich neues Mittel der Erziehung zu erdenken. Ob sie nun Liebeskraft oder harte Zucht vorschlagen, Belehrung durch Worte, durch Beispiel oder Rute empfehlen, ob sie für aktives Verhalten des Erziehers sind oder für geduldiges Zuwarten, ablenkendes Ausleben der kindlichen Impulse oder deren Unterdrückung verlangen – seit es Eltern,

seit es Erzieher gibt, ist diese uralte Skala vom strengen Blick bis zur Gefängnisstrafe, von den milden Worten bis zur bändereichen Predigt allüberall geübt worden« (Bernfeld 1973, S. 40).

Auf diese Weise vorbereitet, soll nun ein Einblick in eine bestimmte Form der Erziehung gewährt werden, einen, den man bekommt, wenn man sich an der schulischen Basis umschaut und danach fragt, welche Erfindungen dort praktisch werden und welche Modelle sich zuweilen wie ein Lauffeuer in den Schulen verbreiten.

Betrachten wir also mit Rückgriff auf eine Fülle von Fallstudien und Beobachtungen die schöne neue Welt der Erziehung. Sie weist drei Provinzen auf, die sich wiederum in verschiedene Regionen aufteilen. Zur ersten gehört die Erziehung mit rhetorischen Mitteln und symbolischer Praxis, zur zweiten zählen die Problemlösungsprogramme für konkret auffällige Disziplinprobleme im und außerhalb des Unterrichts, zur dritten die Entfaltung von Arbeitshaltungen für den Unterricht und über diesen hinaus. Der Reihe nach geht es um folgende Modelle:

(1) Leitbilder

Spätestens mit der bundesweit gestellten Aufforderung an die Schulen, ein eigenes Schulprogramm vorzulegen, haben diese beschlossen, sich – wie in den Strategievorlagen zur Abfassung eines Programms vorgeschlagen – ein Leitbild zu geben. Durchforstet man die Lösungen der Schulen (vgl. Gruschka 2003), so fällt auf, dass für das Leitbild in der Regel die Schulgemeinde als Adressat auftritt und dabei vor allem auf die Umgangsformen der Gemeindemitglieder abgehoben wird. Mit möglichst griffigen Formeln, oft unter Zitierung von Aussprüchen berühmter Dichter und Denker, werden die moralischen Grundsätze des gemeinsamen Umgangs und das Ethos der in der Schule Arbeitenden zusammengefasst. Oft unter der Hand wird das Leitbild handfest durch bestimmte Forderungen, die sich allein an die Schüler richten. Skizziert wird als Ideal ein fleißiger, in Verhaltensregeln sicherer, sozialer Schüler, auf das sich die Schulgemeinde mit dem Leitbild einschwören möchte. Dabei ist das postulierte Verhalten fast immer personengebunden appellativ formuliert, so als ob es, jenseits aller institutionellen Voraussetzungen der Schule und der sozialisatorischen Gegebenheiten, Ausdruck des freien Willens der Akteure für das Gute sein könne. Nur selten wird im Leitbild die Widersprüchlichkeit der Schule reflektiert, die pädagogisch anderes sein will, als sie es funktional sein kann. Mit dem im Leitbild ausgemalten zielgerichteten Miteinander wird die reale Kälte der institutionellen Abläufe aufgewärmt bzw. wird so getan, als ob das Bild als solches den Weg weisen könne (vgl. Gruschka 1994).

Indem ein solches Leitbild oft in langen Debatten erarbeitet, es am Ende durch alle Gremien der Schule verabschiedet und zuweilen in einer feierlichen Zeremonie zu einem Dokument mit Unterschriften und Siegel erhoben wird, erscheint der Prozess selbst schon als ein Erziehungsvorgang. Er dient dazu, dass sich alle Beteiligten dessen bewusst werden und darüber verständigen, was sie jenseits der Unterrichtsobligationen eigentlich pädagogisch bewirken wollen. Oft erhalten Neuankömmlinge die pädagogische Grundakte der Schule als Hinweis auf die vereinbarte

Basis allen Tuns. Nicht selten ziert die Akte ein pädagogischer Aphorismus (»Die Menschen stärken, die Sachen klären«) und die Figur eines Vorbildes (gegebenenfalls des Namenspatrons der Schule). Zuweilen wird das Leitbild kindgerecht in Zeichnungen übersetzt, die als Sinnbilder für die Moral fungieren sollen. Die sprachliche Gestalt orientiert sich oft an großen Vorbildern, etwa am biblischen Dekalog, ohne freilich dessen Strenge zu übernehmen (aus dem unbedingten »Du sollst …« wird eher ein »Wir wollen uns bemühen …«). Bei jeder Gelegenheit wird schulöffentlich an das so entwickelte Leitbild erinnert: auch als Slogan auf dem Briefpapier der Schule, als Logo, das den Text zusammenfasst usw.

Bei all dem zielt die Hoffnung darauf, dass im Prozess der Bildung einer pädagogischen Corporate Identity, die Identity des Einzelnen kollektiv praktisch wirksam wird. Aber indem der Konsens der Schulgemeinde sich auf das richtet, was alle teilen, werden Formeln gesetzt, die in ihrer Idealität und Allgemeinheit wenig mehr als feierliche Beschwörungen sein können. Die Evidenz des allgemein Guten verstellt den Blick auf das alltäglich konkrete Schlechte. Aus diesem Grund muss es mit der Erziehung konkreter weitergehen.

(2) Rituale

Ebenfalls in solchen Schulprogrammen teilen viele Schulen mit, dass sie sich auf die pädagogische Funktion von Ritualen besonnen haben, die das gewünschte Schülerverhalten entweder direkt oder indirekt zum Ausdruck bringen sollen – indirekt, indem das Ritual an das gewünschte Verhalten erinnert, direkt, indem es zum Beispiel etwas zu zeigen erlaubt (etwa das entsprechend den Regeln ordentlich geführte Hausaufgabenheft).

Früher marschierte man nach der Formierung von Klassen im geordneten Schritttempo in die Schule und Klassen, erhob sich, wenn der Lehrer die Klasse betrat, vom bereits eingenommenen Schülerplatz und grüßte als Kollektiv den Lehrer. Über der Pforte, die in die Klassenflure führte, prunkte unter einem Relief aus römischer Zeit das »Non scholae sed vitae discimus!« (›Nicht für die Schule, sondern für das Leben lernen wir‹) als »memento discipuli« (›Erinnerung für die Schüler‹). Die Schüler wurden mit Ansprachen begrüßt und verabschiedet usw. Dergleichen wird wiederentdeckt.

Das Problem, auf das die heute zu beobachtende Neuerfindung von Ritualen reagiert, liegt in der beobachteten Regellosigkeit des Schülerverhaltens und der Wirkungslosigkeit von pädagogischen Ermahnungen, wenn die eigentlich bekannten Regeln nicht eingehalten werden. Die Schüler scheinen nicht zu wissen oder vergessen zu haben, dass Unterricht nur dann funktionieren kann, wenn jeweils nur einer spricht und nicht alle durcheinanderreden, wenn man sich geregelt meldet und nicht in die Klasse ruft, oder dass man sich an seinem Platz befindet, wenn es zum zweiten Mal geschellt hat.

Das Ritual stellt nun gleichzeitig die Ordnung her und dient ihrer symbolischen Bekräftigung: Man hat sich darauf geeinigt, dass der Lehrer wie ein Indianerhäuptling die zur Klasse geöffnete Hand in Augenhöhe hebt, sobald es ihm zu laut wird und dass dann, erst wenn die Hand heruntergenommen worden ist, die Kommunikation fortgesetzt werden darf. Einmal durchgesetzt als Ritual, funktioniert die stumme Geste als Ermahnung. Oder: Schüler bekommen die Aufgabe, mithilfe der Glocke über die Lautstärke zu wachen. Sie ist in Gang zu setzen, wenn es auch den wachenden Schülern zu laut wird. Der Gong zu Beginn einer Stunde veranlasst kollektives Schweigen und die Besinnung darauf, was jetzt geschehen wird. Erst nach erneutem Gong soll mit dem Unterricht begonnen werden. In Klassenratsstunden werden Vereinbarungen für das Verhalten in der Klasse besprochen und beschlossen, anschließend halten sich alle Schüler an der Hand und bekräftigen ihren Willen, die getroffenen Vereinbarungen zu beachten. Regelmäßig findet Selbst- und Fremdkritik in Klassenratssitzungen statt: Schüler dürfen an dieser Stelle die Gelbe Karte Mitschülern zeigen, die Anzahl der Karten wird gezählt und dokumentiert, im Falle der Besserung kann eine Gelbe Karte gestrichen werden. Entsprechende Auszeichnungen für Verhaltensverbesserungen werden schulöffentlich gemacht (vgl. hier S. 129 f.).

Manche Schulen setzten große Hoffnungen in die inszenatorische Kraft und Wirkweise der Rituale als Selbstverpflichtung der Schulgemeinde. Das kann bis zu dem Punkt gehen, dass buchstäblich alle Bereiche der Schule, die überhaupt einer Steuerung unterzogen werden können, durch entsprechend ritualisierte Umgangsformen geprägt werden. Auf einen Besucher, der eine normal verhaltensauffällige Schule gewohnt ist, kann dies schockartig wie ein verhaltenstherapeutisch sozialtechnisches Setting wirken, das durch eine Überfülle von Selbstkontrollen durchgesetzt wird: Unmerklich geht Erziehung über in Drill. In anderen, weniger durchstrukturierten Fällen wird mit Ritualen iterativ Verhalten gepredigt. Eine Schule hat etwa eine Agenda beschlossen, mit der das Wichtigste an gewünschtem Verhalten bestimmt werden soll, und reihum wird jeweils eines der Gebote zum Thema einer Besinnungsstunde gemacht.

Die neue Beliebtheit der Rituale verweist zum einen auf das Bedürfnis nach Regeln, zum anderen auf die Erfahrung, dass die mit der Form von Schule und Unterricht konstitutiv gesetzten Verhaltensnotwendigkeiten nicht mehr durch Gewöhnung an genau diese Form durchgesetzt werden können. Dabei wird das abweichende Verhalten der Individuen, also Erziehungsdefizite, dafür verantwortlich gemacht, was aber vielfach erst durch das pädagogische Verhalten im Unterricht und dessen institutionelle Rahmung induziert wurde. Und daraus ergibt sich ein Problem: Ein unglaubwürdiger, anspannungsloser und in Routinen leerlaufender Unterricht und die Schule als Zwangsveranstaltung lassen sich schlecht heilen, indem der verbindende Sinn des Zur-Schule-Gehens beschworen wird.

(3) Verträge und Benutzerordnungen

Verträge und Benutzerordnungen lassen sich als ein in Schulen wuchernder Spezialfall von Ritualen verstehen. Verträge regeln mehrerlei, etwa das Kooperationsverhalten zwischen Elternhaus und Schule, das zwischen Lehrern und Schülern und das zwischen den verantwortlichen Organisatoren von Sportgeräten, Computerräumen, Handwerksräumen, Bibliotheken usw. und ihren Nutzern.

Zur ersten Gruppe von Verträgen zählen die Vereinbarungen zwischen Elternhaus und Schule. Von der Praxis des Bistums Hildesheim in Fragen des Fernsehens war bereits die Rede. Ein schönes Beispiel liefert das »Neue Lerntagebuch«. Wer es mit dem Tagebuch ernst meint, gestaltet es wertvoll und bedient sich bei Produkten der Lehrmittelindustrie. Aber es geht auch schlichter und dann vor allem darum, dass der Schüler faktisch statt eines inneren Tagebuches ein äußeres Verzeichnis seiner Pflichten und Aufgaben und ihrer Erledigung führt und dieses regelmäßig seinen Eltern zur Unterschrift vorlegt. Mit dieser Unterschrift nehmen die Eltern nicht nur das Pensum und die Defizite zur Kenntnis, sondern werden auch für deren Behebung verantwortlich gemacht: Mit dieser Unterschrift wird es ihnen unmöglich, beim Elternsprechtag die Unwissenden zu spielen.

Auf dem Schülersprechtag werden Probleme im Verhältnis zwischen Lehrer und Schüler besprochen und das Ergebnis der Aussprache in der Form einer Ankündigung der Verhaltensänderung (in der Regel allein des Verhaltens des Schülers) protokolliert und durch beidseitige Unterschrift zum Vertrag erhoben.

Kontraktierte Dienste aller möglichen Art, die die Schüler übernehmen müssen, können hinzutreten.

Im sachlichen Bereich erscheinen Verträge in der Form von Benutzerordnungen. Mit solchen Verträgen und Benutzerordnungen reagiert die Schule auf den vielfach beklagten Mangel an Bewusstsein darüber, dass das pädagogische Geschäft eines auf Gegenseitigkeit beruhendes ist und dass der Schüler nicht einfach sorgloser »Vernutzer« einer bestimmten Infrastruktur sein darf, sondern auch für deren Erhalt verantwortlich ist. Die Klage lautet: Den Schülern mangelt es in ihrem Egoismus und ihrer Egozentrik an der Einsicht, dass sie die Orte so verlassen sollten, wie sie sie vorzufinden wünschen. Sie verfügen über kein

Bewusstsein gegenüber den Konsequenzen ihres Handelns, zeigen bei der Nutzung von Geräten keine Affektkontrolle, sondern lassen ihre Frustrationen hemmungslos an den Geräten aus.

Verträge wollen dies bekämpfen und, wenn möglich, sogar heilen, indem sie explizieren, welche gegenseitige Verpflichtung im Umgang miteinander oder im Umgang mit Dingen eingegangen wird. Der Vertrag legt genau fest, welche Verhaltensweisen jeweils einzuhalten sind und was geschieht, wenn die Vertragsklauseln missachtet werden. In der Regel wird im pädagogischen Vertrag dabei das Kleingedruckte großgeschrieben, also die negativen Konsequenzen des Missbrauchs schrill hervorgehoben. Das gilt nicht nur für die Folgen im Falle eines Missbrauchs, sondern bereits oft auch präventiv für die Formen des Gebrauchs. Studiert man nämlich solche Verträge als Benutzerordnungen genauer, so fällt auf, dass diese nicht die Weisen der sinnvollen Nutzung ins Zentrum stellen, also das gewünschte Verhalten helfend kodifizieren, sondern sie vielmehr den Missbrauch bereits als zu erwartende Tatsache setzen. So wird in Benutzerordnungen für Computerräume das Bild von Barbaren vermittelt, die letztlich sich mit dem Computer nur beschäftigen, um die »Utilities« mit Kaugummis, Colaflüssigkeit, Vireninfektionen und vielem anderen mehr lahmzulegen und zu zerstören (vgl. exemplarisch Appel 2005).

Solche Vertragsklauseln scheinen wie abgeschrieben von jenen Hausordnungen in Mietshäusern, die den Missbrauch als die Regel erkennen, die mit der Ordnung bekämpft werden soll. Dem entspricht die hierarchische Sichtweise der Schulen von oben nach unten, indem eine

Regelübertretung immer nur beim Schüler gesehen wird. Solche Verträge sind also offensichtlich Mittel zu einem erzieherischen Zweck. Sie wirken wegen ihrer Einseitigkeit aber wie pädagogische Fälschungen.

Die unter den Vertrag gesetzte Unterschrift soll den Respekt vor seiner Verbindlichkeit einflößen: Was man mit seiner eigenen Unterschrift schwarz auf weiß bestätigt und öffentlich gemacht hat, nötigt zur Vertragstreue, damit man seinen guten Namen nicht aufs Spiel setzt. Die Unterschriftsleistung wird zu einem Akt der Erziehung, ihm entspricht das öffentliche Gelöbnis. Anlässe für solche Unterschriften inflationieren in Schulen, die auf dieses Mittel setzen.

Häufig werden Verträge geschlossen, nachdem die Vertragspartner sich der Bereitschaft und der Kompetenz versichert haben, den gesetzten Regeln auch tatsächlich Folge leisten zu können. So wird der Vertrag erst geschlossen, nachdem die Schüler mit einem Zertifikat legitimiert wurden, zu Nutzern aufzusteigen. Sie bekommen entsprechend einen »Handwerksraum-« oder »Computerführerschein«, der sie dazu berechtigt, die Geräte zu gebrauchen. Merkwürdigerweise wird der erzieherisch angediente Stolz auf die Anerkennung, nun zu den Gesellen und Meistern zu gehören, unterminiert, indem das Zertifikat nicht etwa bloß durch ein Gelöbnis bekräftigt, sondern inhaltlich über die angedrohten Maßregelungen definiert wird, die man ebenfalls zu unterschreiben hat. Der Schüler hat durch das Zertifikat nur auf den ersten Blick eine Kompetenz zugesprochen bekommen. Das Ganze soll nun aber auch noch als Sollen bekräftigt werden. Diese pädagogische Eigensinnigkeit kann man als Indiz dafür lesen, dass die Form nicht als solche gilt, sondern nur mit ihrer gewünschten Indienstnahme für die erzieherische Absicht verwendet wird. Die dadurch entstehende Glaubwürdigkeitslücke der Veranstaltung dürfte nicht wenigen Schülern auffallen.

(4) Streitschlichtung

Beim Streitschlichterprogramm handelt es sich um eine inzwischen gleichsam patentierte Technik der Selbsterziehung, die, wie eine Qualifikation behandelt, technisch ausformuliert und eingeübt werden kann. Nicht wenige Pädagogen dürften in Deutschland inzwischen von der Verbreitung des Programms in den Schulen zehren. Ausgangspunkt ist die Einsicht, dass jedes außerunterrichtliche Erziehungsproblem in der Schule nicht schon allein dadurch bearbeitet werden kann, indem Lehrer in dieses (etwa auf dem Schulhof) hineingezogen werden. Das gilt insbesondere für den Streit unter Schülern, der wiederum auf das offensichtliche Problem der zunehmenden Friedlosigkeit unter Schülern reagiert.

Auf eine Prügelei auf dem Schulhof soll nun nicht mehr der herbeigerufene Lehrer reagieren, der den Streit zu beenden und anschließend zu schlichten hat. Vielmehr wird dergleichen zur ureigenen Sache einer selbstregulierten Schülerschaft gemacht. Einzelne Schüler werden nämlich zu Streitschlichtern fortgebildet, indem diese ein Manual einüben, wie prozedural streng geregelt im Falle des Falles zu reagieren sei (vgl. Gruschka 2006 a). Die Protagonisten des Programms unterscheiden sich dabei in vielen technischen Details, einig sind sie gleichwohl in der Übertragung des humanistischen Modells der Kommunikation (vgl. Tausch/Tausch 1977, Gordon 1981) auf den Streitfall. Das drückt sich darin aus, dass der streitschlichtende Schüler die Schlichtung zu einem Zwischending zwischen Erziehung zur Einsicht und Therapie erhebt: Die streitenden Schüler sollen erst einmal jenseits von Schuld und Sühne sich über den Konflikt aufklären und dafür zunächst frank und frei und ungestört ihre Sicht vortragen, um anschließend die des Kontrahenten zu artikulieren. Als ob die Devise: »Was du nicht willst, dass man dir tu, das füg auch keinem andern zu!« als Frucht des durch das Verfahren hergestellten gegenseitigen Respekts abfallen müsse, und als ob es im Streitfalle zufällig lediglich gegensätzliche Perspektiven auf ein letztlich willkürlich sich ergebendes Problem gibt, nicht aber einen Täter und ein Opfer, wird das anschließende Gespräch auf die Schlichtung verpflichtend ausgerichtet. Am Ende soll es nur Sieger, keine Verlierer geben. Der Blick bleibt dabei konsequent nach vorne gerichtet auf die Aufhebung des Streits in einer gemeinsamen friedvollen Praxis und auf die wiederum vertragsmäßig zwischen den Streitenden vereinbarte Verbesserung ihrer Beziehung.

Wo liegt das Problem? Das Modell laviert um die grundlegende Paradoxie herum, dass es nur funktionieren kann, wenn der Streit sich als Missverständnis auflösen lässt und/oder überlagert wird durch das erneut aufbrechende Interesse an gemeinsamem Umgang, was jenseits der Form der Streitschlichtung in der Regel wie von selbst geschieht. Demgegenüber wird der Streit in den harten Fällen dem weichen Zwang zur Beteiligung am Verfahren entsprechend mehr aufgeschoben als aufgehoben werden können. Dafür sorgt der sachlich begründete Ärger, der ohne Urteil nicht geschlichtet werden kann. Das Verfahren schließt aber sowohl eine Erklärung der Ursachen des Konfliktes als auch eine Bewertung seiner Form und Wirkung aus, damit es zu einer Schlichtung kommt. Wo es aber genau um solches gehen müsste, kann man nicht auf Streitschlichtung bestehen, denn solches würde die Entwertung des Geschehens und des Konfliktes bedeuten: Weder für den Täter noch für das Opfer kann das ohne Folgen auf die Einsicht und das Verhalten bleiben.

Gegenwärtig fällt es noch schwer, Urteile über die reale Wirkungsweise des Programms an unseren Schulen zu fällen. Die Beliebtheit des Ansatzes, wie sie sich etwa in den Schulprogrammen ausdrückt, steht noch in keinem Verhältnis zu ausgewiesenen Berichten und Protokollen über die Praxis, an denen abgelesen werden könnte, wie die Schüler sich diese Sozialtechnik zu eigen machen. Die wenigen Beobachtungen, die dem Verfasser zugänglich sind, legen nahe, dass die Schlichtung entweder als ein Ritual wichtigtuerisch bedient wird (zuweilen wie ein Sozialtheater, das das normale Kommunikationsspiel des Unterrichts angenehm unterbricht) oder aber, dass das Nachhalten der Wirkung durch die immer noch präsenten Lehrer die Schlichtenden dazu veranlasst, sich in der Abarbeitung der Verfahrensregeln als brav und folgsam zu erweisen, gleichsam Dienst nach Vorschrift abzuleisten. Auf diese Weise werden sie nicht daran gehindert, im nächsten affektiv angesagten Augenblick wieder die Faust zu benutzen.

(5) Trainingsräume

Unter dem Begriff ›Streitschlichtung‹ wird allein das abweichende Verhalten außerhalb des Unterrichts angesprochen. Der Trainingsraumansatz verspricht nun, das Entsprechende im Unterricht erfolgreich zu bearbeiten. Unter einem Trainingsraum darf man nicht verstehen, was der Wortsinn verspricht, also einen Raum, in dem das prosoziale Verhalten gezielt durch Training eingeübt würde (vgl. Brüdel/Simon 2003 und kritisch: Jornitz 2004). Vielmehr kommt es zu etwas anderem. Schüler, die mehrfach im Unterricht durch Störungen auffallen, erhalten zum Beispiel die Gelbe Karte und werden auf die Gefahr aufmerksam gemacht, dass sie bei Wiederholung in den Trainingsraum müssen. Kommt es zur fortgesetzten Störung, wird der Schüler mit einem Laufzettel in den Trainingsraum geschickt. Dort erwartet ihn eine pädagogische Kraft, die ihn dabei beaufsichtigt, wie er einen Fragebogen ausfüllt. Dieser Bogen fordert den Schüler dazu auf, sein Vergehen zu berichten, zu gestehen und über die Problematik und Folgen seines Fehlverhaltens zu reflektieren, um anschließend einen »Rückkehrplan« zu entwickeln: Es geht darum, wie er es schaffen will, beim Wiedereinrücken in die Klasse von seinem nun negativ sanktionierten Verhalten abzulassen.

Protokolle aus diversen Trainingsräumen erinnern daran, dass hier wie möglichst an allen anderen Baustellen der neuen Erziehung mit der Herstellung von Aktenlagen gearbeitet wird: Ein geradezu preußisches Verwaltungshandeln löst die orale Kultur des pädagogischen Gesprächs ab. In diesen Akten kommt eine vielfach belustigende Praxis des Umgangs mit der Methode wie auch deren Brechung durch pädagogische Vernunft zur Erscheinung. Um Ersteres handelt es sich etwa, wenn deutlich wird, dass der Rückkehrer aus dem Trainingsraum den Anlass für Neugierde bei Mitschülern bietet, nachzufragen, was es dort im

Trainingsraum gegeben habe. Als neuerliche Störung führt das dazu, dass der Neugierige in den Trainingsraum geschickt wird. Die Schüler zeigen schnell, dass es nicht schwer ist, ein Bekenntnis abzulegen über etwas, das sie bereits als Verhalten in der Klasse äußerlich bekannt haben. Den Gang in den Trainingsraum erleben manche als willkommene Unterbrechung des Unterrichts, zuweilen die Wiederholung als Auszeichnung vor den schweren Jungs in der Klasse. Erst dann, wenn die Sanktionsspirale bedrohlich wird, etwa mit dem angeordneten Besuch der Eltern in der Schule, werden die Schüler vorsichtiger. Ob ein Besuch im Trainingsraum aber zur Minimierung der Störungen führt, bleibt nach Aussage vieler Lehrer bloß eine vage Hoffnung.

Im pädagogischen Fall muss damit gerechnet werden, dass im Trainingsraum mehr geschieht als das Bekenntnis der Schuld und das zur Besserung. Dann können sich die dort sitzenden Pädagogen für den Fall selbst interessieren, und nicht selten wird dann deutlich, dass der Trainingsraum nicht der richtige Ort für die Behebung des Missstandes ist, er also nicht externalisiert und delegiert werden kann, weil er von einem Konflikt berichtet, den der Lehrer eigentlich mit dem Schüler klären müsste. So kommt es nicht selten dazu, dass die Meditation im Trainingsraum damit endet, dass im Protokoll festgehalten wird, es müsse zu einer Aussprache zwischen den Konfliktpartnern kommen.

Beliebt scheint die Einführung des Konzeptes vor allem deswegen zu sein, weil es genau das zu tun erlaubt, was in den pädagogisch interessanten Fällen unsinnig bleibt, nämlich den Störer unter Nutzung einer Erziehungstechnik aus dem Unterricht zu entfernen. Doch das ist äußerst problematisch: Den Schüler, weil pädagogisch betreut, mit gutem Gewissen loswerden zu wollen, ist gleichbedeutend mit einem pädagogischen Rausschmiss.

(6) Meritentafeln

Die Rückkehr des Disziplinproblems in den Unterricht kann auch offensiv im Unterricht selbst bearbeitet werden. Das ist dann der Fall, wenn Erziehung als signifikanter Teil des Stundenplans auftritt, etwa in der Form einer wöchentlichen Doppelstunde »Klassenrat«. Der Klassenrat klärt nicht nur die gemeinsamen Belange der Klasse, wie gemeinsame Unternehmungen, sondern auch die internen Konflikte. Dabei kann es dazu kommen, dass die Behandlung der Konflikte vielfach pädagogisch gerahmt und inszeniert wird. Das beginnt damit, dass Schüler über das prosoziale und antisoziale Verhalten in der Klasse Beobachtungen sammeln und diese als Plus- oder Minuspunkte bestimmten Mitschülern gegenüber bewerten. Die jeweiligen Fälle werden vorgestellt und ein entsprechendes Votum vorgetragen. Die Betroffenen sind immer anwesend und können zu den Berichten Stellung nehmen. Anschließend diskutiert die Klasse, ob sie sich dem Votum anschließen will oder es zurückweisen möchte. Die Ergebnisse tauchen dann auf einer in der Klasse aufgehängten Meritentafel auf, die meist die Form einer Leiter hat. Alle Schüler der Klasse sind auf dieser Leiter verortet, und sie können auf ihr aufsteigen, absteigen oder ihre Stufe halten. Wer zu einem festgesetzten Stichtag die oberste Sprosse der Leiter erklommen hat, bekommt als Belohnung eine Zuwendung durch die Klassenlehrerin. Diese Schüler werden zum Eis oder zum Kinobesuch und Ähnlichem mehr eingeladen. Im Anschluss werden alle Konten gelöscht und der Aufstieg kann erneut beginnen.

Protokolle über die Ratssitzungen weisen auf den souveränen immanenten Umgang der Schüler mit dem Instrument hin. Sie haben keine Hemmungen, das Verhalten ihrer Mitschüler zum Gegenstand des Lobes oder des Tadels zu machen. Sie zeigen auch beträchtliche Lust an der Diskussion über die gemachten Voten. Schnell scheint sich die Spreu vom Weizen zu trennen, denn es sind immer wieder die gleichen Kandidaten, die die Belohnung nicht bekommen werden. Das Instrument soll der prosozialen Erziehung dienen, verfehlt aber nicht selten dieses Ziel. Umso befriedigter reagiert die Klasse, wenn sich einer der bösen Buben so gebessert hat, dass er auf die Unternehmung mitdarf. Zum anderen ist die Diskussion durchsetzt von technischen Problemen. Die Aktenführung wird nicht selten problematisiert: Fristen sind nicht eingehalten, Aufstiege nicht festgehalten, Abstiege zu Unrecht verzeichnet worden. Ein nicht unbeträchtlicher Teil der Zeit wird mit solchen strategisch eingebrachten Rückfragen an die Geschäftsordnung und -führung vertan.

Festzuhalten bleibt aber, dass das Instrument der Eigenerziehung bemerkenswert reibungslos funktioniert. Als in einer solchen Diskussion von Schülern problematisiert wurde, dass die Aufforderung zur gegenseitigen Verhaltensbeobachtung letztlich doch darauf hinauslaufe, Mitschüler vor der Klasse und dem Lehrer zu denunzieren, wurde dies von einer großen Mehrheit der Schüler als unsachgemäß zurückgewiesen. Wer sich nichts zuschulden kommen lasse, müsse auch keine Anklage befürchten. Wer dagegen zum Schaden anderer agiere, dürfe nicht mit Solidarität rechnen.

Der weiteren Verbreitung der erneuerten Meritentafel steht vielleicht nur die mangelnde Bereitschaft von Lehrern im Wege, sich die für diese Weise der Erziehung notwendige Zeit mit den Schülern zu nehmen.

(7) Lerntagebücher und Portfolios

Mit den methodischen Vorschlägen Lerntagebücher und Portfolios wird die Selbstständigkeit und Selbstverantwortung des Lernenden für sein Lernen eingefordert. Sofern das Bemühen und Versagen nicht klassenöffentlich verhandelt wird, kann es nämlich auch zum kontinuierlichen Anlass einer individuellen Reflexion gemacht werden. Die Rechenschaftslegung über das eigene Verhalten teilt sich dabei auf in einen protokollarischen und einen selbstevaluativen Teil. Angeleitet durch den beratenden Lehrer, kommt es zu Zielvereinbarungen, die der Schüler mit sich selbst schließt. In seinem Lerntagebuch wird er dazu aufgefordert, nicht nur alle seine Verpflichtungen vor dem Vergessen zu schützen, sondern auch sich darüber klar zu werden, wo seine Probleme liegen, die gestellten Aufgaben zu erfüllen. Die Reflexion mündet ein in Aufgaben, die der Schüler sich für die Zukunft stellt. Das Tagebuch dient mithin also nicht als ein intimes der eingeständigen Selbstvergewisserung. Es soll vielmehr geführt werden als Instrument der Selbstkontrolle, bezogen auf die Erfüllung von Pflichten. Pädagogisch verbrämt wird das dadurch, dass man das Buch nicht direkt »Pflichtenheft« (wie in der Lehrlingsausbildung), sondern »Lerntagebuch« nennt.

Auch hier wird der Schriftlichkeit eine eigene Kraft zugeschrieben: Das, was man sich selbst schwarz auf weiß vorlegt, erfährt anscheinend ein höheres Maß an Verbindlichkeit, als es der flüchtige Gedanke je erreichen kann. Nicht selten werden die Tagebücher entsprechend als Instrumente der regelmäßigen Kontrolle eingesetzt. Die Eltern haben jede Woche die Aufzeichnungen abzuzeichnen und geben damit den das Tagebuch einsehenden Lehrern zu erkennen, dass sie zur Kenntnis genommen haben, was die Pflichten ihres Kindes waren und ob sie erledigt wurden. Faktisch werden die Eltern auf diese Weise gleich miterzogen, auch ihre Pflichten zu erfüllen.

Ausgeweitet wird die Methode durch die Eröffnung eines breiten Raums der Selbstdarstellung. Mit dem Portfolio wird eine Methode schulisch aufgegriffen, die bislang vor allem im Kindergarten verbreitet war. Dort schleppten die Eltern am Ende eines Jahres alle vom Kind hergestellten Arbeiten, als Beweise der unausgesetzten Produktivität des Tuns, mit nach Hause. Nun soll der Schüler für seine innerunterrichtlichen wie auch den Unterricht überschreitenden Aktivitäten Dokumentationen erarbeiten und sammeln. Sie dienen nicht nur dem Ausweis der eigenen Tätigkeit, sondern sind als dokumentierte Ausweise wiederum Anlass, sich dessen zu vergewissern, was man gut oder nicht zureichend bewerkstelligt hat. Auch hier ergibt sich ein Problem: Der Darstellungsdruck entbindet einen omnipräsenten Kontrollzwang. Die Erziehung durch Evaluation wird in alle Bereiche des schulischen Lebens hineingetrieben.

(8) Methodentraining

Mit dem Methodentraining verlassen wir die direkten Inszenierungen der Erziehung und werfen einen Blick auf die indirekten, die mit dem Unterricht zusammenzugehen scheinen, gleichwohl aber nicht diesen selbst ausmachen, sondern vielmehr dazu dienen, für Unterricht zu erziehen. Gemeint ist das allenthalben beklagte Defizit der Schüler, sich methodisch angemessen zu den gestellten Aufgaben zu verhalten. Der Vorwurf lautet, dass es den Schulen vollständig an der methodischen Einstellung und Kompetenz mangele. Das Methodentraining verweist entsprechend vor allem auf Arbeitshaltungen und eine ritualisierte Praxis, diese einzuüben und so die Missstände zu beheben.

Eine Durchsicht der Schulprogramme macht darauf aufmerksam, wie weit inzwischen Heinz Klipperts Methodentraining auch dort sich ausgebreitet hat, wo man es nicht mit ausgewiesenen »Klippert-Schulen« zu tun hat. Auf die Frage, was man für die Verbesserung des Unterrichts tun wolle, kommt die große Mehrheit der Schulen auf die Antwort, es mit Methodentraining versuchen zu wollen.

Die vorherrschende Form besteht in einer Sonderung der Methoden von den Inhalten. Das lässt sich nur dann erfolgreich propagieren, wenn man sich im Besitz eines methodischen Universalschlüssels wähnt. Genau das behauptet Heinz Klippert (1994, kritisch: Stövesand 2001). Er hat seine Grundidee inzwischen in ein eigenes Reformunternehmen übersetzt, das längst von der bescheidenen Variante der Einübung bestimmter »Mikromethoden« (wie der Unterstreichübung) zum Allheilmittel für alle Bildungsanstalten angewachsen ist. Dort freilich geht es immer wieder doch um das Kleine. So wird etwa auf das Problem der Unfähigkeit von Schülern, Texte noch sinnerschließend zu lesen und zu verstehen, mit einer Trainingsspirale für das Lesen von Texten reagiert, die an keiner Stelle einen Text präsentiert, der so schwierig wäre, dass sich an ihm das Problem entzünden würde. Anstelle dessen werden einfachste Übungen in Wettbewerbsform gebracht und so den Schülern als Training unterbreitet. Dass es dabei um das Gegenteil des sinnerschließenden Lesens geht, ficht den Methodentrainer nicht an: So werden die Schüler etwa aufgefordert, in vier kurzen Textausrissen die Nachnamen von vier Forschern zu finden. Das schnelle Lesen als Informationsentnahme soll so mit der Begründung geübt werden, es handele sich beim schnellen Lesen um eine der Mikromethoden. Die Schüler haben für diese Aufgabe einige Minuten Zeit und werden aufgefordert zu zeigen, wie schnell sie fündig werden. In der Regel wird der Anspruch solcher Aufgaben noch einmal gedämpft durch »Tipp-Hinweise«, die die Lösung des Problems verraten sollen. Solches geschieht etwa dann, wenn ein simpler Text in Abschnitte gegliedert werden soll. In diesem Fall wird ein Kunstwort mit den Buchstaben beigegeben, die den jeweiligen Beginn der Abschnitte markieren. Beenden die Schüler bereits die Lektüre der Texte, wenn sie auf einen Namen gestoßen sind, so suchen sie in diesem Fall nach den Anfangsbuchstaben. In beiden Fällen werden sie aber dazu aufgefordert, den Text überhaupt gar nicht zu *lesen*. Klipperts Methodentraining sorgt auf diese Weise für sorgenfreie Unterrichtsstunden. Der Spieltrieb und der Rätselcharakter der Übungen schaffen Spaß und Unterhaltung. Die Bearbeitung der Arbeitsblätter des Trainings ist für die

Schüler allemal angenehmer und fordert sie zu mehr Kooperation auf als der mühselige Nachvollzug von weithin Unverstandenem.

Erzogen werden die Schüler durch solche Übungen zu einer Arbeitsweise, die sich inzwischen vielfach bis in die Universitäten hinein beobachten lässt. So stößt man immer häufiger auf den Arbeitstyp des Unterstreichers, der ohne Ansehen der geistigen Gebilde, mit denen er sich beschäftigen soll, nach vorher eingeübten formalen Rastern Markierungen vornimmt – völlig unabhängig vom Text. Sobald man Rückfragen stellt, muss man damit rechnen, dass die Reproduktion des Unterstrichenen das letzte Wort darstellt.

Ebenso verhält es sich mit der Methode des Präsentierens. Nach Klippert lernt der Schüler schnell, angenehm und technisch gesichert, wie er beliebige Inhalte präsentieren kann – die PowerPoint-Präsentation liegt nahe. Aber die Methode der Problemverarbeitung erweist sich als so indifferent gegenüber den Inhalten, dass diese nur noch eine vegetative Funktion zu erfüllen haben, nämlich als irgendein beliebiger Stoff, den man ausschließlich noch deshalb benötigt, um die methodische Kompetenz zeigen zu können (vgl. Gruschka 2008).

(9) Vergleichsarbeiten

Schließlich sei auf eine weitere, an den Unterricht anschließende, große Erziehungsmaßnahme verwiesen, der wohl die nächste Zukunft gehören wird: Gemeint ist die aus der Idee der Bildungsstandards erwachsende Tendenz, auf Tests verwiesene und nur noch mit anderen vergleichbare Tests mit entsprechenden Aufgaben zu bearbeiten.

Erzieherisch wirken diese, weil sie das in der Schule bereits lange und tief verwurzelte Prinzip des Leistungswettbewerbs und der Konkurrenz um das knappe Gut der guten Noten nun gleichsam entprivatisierten. Mit der Einführung eines gemeinsamen *tertium comparationis* stehen Klassen im Wettbewerb mit Nachbarklassen, die Schule mit einer anderen Schule, eine Stadt mit einer weiteren usw. Das System lebt von der kontinuierlichen Rückmeldung, dem Vergleich der Aufstiegs- und Abstiegsplätze. Genau das, was als Kampf der Nationen trotz und in aller Globalisierung von der Gesellschaft eingehämmert wird, wird sozialisatorisch vorbereitet und inkarniert durch die neue Testkultur der Schulen. Nicht die Abarbeitung an einer Aufgabe als einer spezifischen Herausforderung zählt, sondern allein das, was die Lösung dieser Aufgabe aussagt als relationales Urteil.

Die Entsorgung der Verbindlichkeit der jeweils gelehrten Sache durch das Methodentraining wird dabei sachlogisch durch die Vergleichsarbeiten wieder aufgenommen. Denn diese sind so gut, wie sie das Verglichen-Werden sichern, nicht jedoch deshalb wertvoll, weil sie inhaltlich von Relevanz sind, sei es mit Blick auf die Sache oder mit Blick auf die Entwicklung der Schüler. Das gilt, obwohl Arbeiten der hinter diesen stehenden Theorie der Bildungsstandards zufolge es genau um die Inhalte gehen sollte (Klieme 2003, kritisch: Gruschka 2006 b).

Die Kritik sei an einer Aufgabe aus dem PISA-Kontext näher erläutert. Die Aufgabe lautet, dass die Schüler die Fläche der Antarktis schätzen sollen. Die dazu beigegebene Zeichnung weist den Umriss des Erdteils mit seinen Schelfeisfeldern auf. Die Schüler sollen schätzen und dennoch rechnen. Eine problematisierende Aneignung der Aufgabe ist dabei gar nicht vorgesehen. Es kommt lediglich darauf an, möglichst schnell eine Lösung zu finden, die im gegebenen Toleranzbereich liegt. Wer sich zu viel Mühe macht, um eine möglichst genaue Schätzung vorzunehmen, gerät schnell in die Gefahr, Rechenfehler zu begehen. Er gliedert das Feld durch zu viele Unterflächen und kann sich bei der Umrechnung der Maßstäbe auf Kilometer schnell vertun. Wer dagegen *grosso modo* vorgeht, hat zwar weder präzise geschätzt noch viel gerechnet, aber er ist schnell mit der Aufgabe auf eine Weise fertig geworden, dass sie als gelöst gelten kann.

Die Sorglosigkeit der instrumentellen Aufgabenstellung (vgl. Rosch 2005) wie auch die Ausrichtung auf die Antarktis verraten unfreiwillig, dass die Testkultur sich nicht bloß als Mittel, sondern als Zweck begreifen lässt, auf den der Inhalt des Unterrichts sich beziehen muss: Die Antarktis ist bekanntlich der Erdteil, an dem fast keines der OECD-Kinder zur Schule geht. Gerade wegen seiner fehlenden Vertrautheit eignet er sich als Modell für den globalisierten Vergleich.

Die Erziehung kommt auf diese Weise dort an, wo auf irgendeine Art gemessen wird. Sie stiftet die Bereitschaft zur lebenslangen Teilnahme an Wettbewerben. Diese Teilnahme ist die Fieberkurve des lebenslangen verordneten Lernens als Prinzip, ohne dass man noch auf seinen Inhalt achten sollte.

Am Ende bleibt zu fragen, ob Siegfried Bernfeld mit seinem Spott recht hatte oder ob wir es tatsächlich mit einer Phase innovativer Erziehungspraxis zu tun haben. Innovativ ist das neue Register nur im eingeschränkten Sinne, weil es nur das weiter ausführt, was immer schon Teil der bürgerlichen Erziehungskonzeption war. Erinnert man sich an die Erziehung zur Bereitschaft, sich als vereinzelter Einzelner im Wettbewerb zu bewähren, so liefert die neue Erziehung allein eine weitere Zuspitzung dieses Prinzips. Machen wir uns klar, dass zu dieser Erziehung der Glaube an die formale Rationalität von Verfahren zählt, so sehen wir in manchem Neuen einen Triumph genau dieses auf die Erziehung bezogenen Prinzips der sozialtechnischen Überwölbung des pädagogischen Umgangs. Dabei bleibt auffällig, dass manches von dem, was heute propagiert wird, lediglich eine Wiederaufnahme alter Ansätze darstellt.

Blicken wir dagegen auf die andere, die emanzipatorische Seite der Programmatik der bürgerlichen Erziehung, so erkennen wir nicht etwa nur nichts Neues, sondern überhaupt nichts mehr. An keiner Stelle des neuen Programms wird Kreativität zur Klärung der Frage herangezogen, wie es heute zu einer Erziehung als Selbstbildung kommen oder wie die Antinomie einer Erziehung zur Mündigkeit in einer Zeit verfolgt werden könnte, die als Triumph funktionaler Selbstbehauptung erscheint. Und an keiner Stelle artikuliert sich in diesem umtriebigen Geschäft die Nachfrage, ob etwas nicht an der Gesellschaft stimmt, dass sie zu solchen verschärften Erziehungsanstrengungen greifen muss, bzw. ob deren Anlass, der widerständige Schüler, nicht auf gesellschaftliche Ursachen eines Erziehungsnotstandes verweist, der durch Erziehung eben gerade nicht zu beheben ist.

Mit all dem ist nichts dagegen gesagt, dass das pädagogische Tun im Kern eben auch Erziehung verlangt. Die Vorstellung, dass sie aber auf die dargestellten Methoden finalisiert werden sollte, kann ein Grauen auslösen, das nur selbstbewusste Lehrer und Schüler auflösen könnten, indem sie zeigen, dass sie solcher Erziehung weder bedürfen noch für sie im Sinne der funktionalen Selbstregierung empfänglich sind.

III. Neuansatz – Wie »Verstehen lehren« erlaubt, die pädagogische Verantwortung und Aufgabe wiederzugewinnen

Einleitend war angekündigt worden, die Kritik an den gegenwärtigen Reformen konstruktiv zu wenden. Behauptet wurde dabei, dass aus der immanenten Analyse des Ungenügens der Reformen dasjenige entfaltet werden könne, was tatsächlich Aussicht auf Erfolg beanspruchen kann. Die Intentionen der Reformen ließen sich als auch pädagogisch motivierte rekonstruieren. Aber die Wege, die mit ihnen beschritten werden müssen, führen in die Irre. Die Kritik musste so sachhaltig und illusionslos prüfend wie möglich erfolgen, damit die Einsichten korrumpierende Bindung an das bloß »gut Gemeinte« gelöst werden kann. Gleichzeitig wurde deutlich, wie die Umdeutung der pädagogischen Aufgabe die Praxis in Widerspruch zu ihrer Zielsetzung bringt.

Entlang den drei Reformschwerpunkten (Erziehung, Verstehen, Lehren) soll im abschließenden Teil gezeigt werden, wie die Intentionen in eine produktive Berührung zur Eigenstruktur des Pädagogischen gebracht werden können.

Vergewissern wir uns dafür zunächst noch einmal grundsätzlich, inwiefern das Motto »Erziehen heißt Verstehen lehren« eine Perspektive auf erfolgreichen Unterricht eröffnet.

Das Verstehen, Maßstab für Bildung, steht als Ziel des Unterrichts im Vordergrund der Betrachtung. Aufseiten des Lehrers verlangt das neben der Vermittlung der Inhalte die Erziehung der Schüler. Durch sie haben die Schüler sich das Verhalten anzueignen, das Voraussetzung für das produktive Lernen sowie für das Verstehen der Inhalte ist. Erziehung ist damit immer rückgebunden an ihren Zweck, die Ermöglichung des Verstehens. Vermittlung richtet die Schüler auf die sachlichen Anforderungen aus und sorgt didaktisch dafür, dass diese Anforderungen von den Schülern verstanden bzw. aufgefasst und bearbeitet werden können. Was bedeutet diese pädagogische Axiomatik im Rückgriff auf die fehlgehende Reform?

(a) Verstehen als das übergreifende Ziel und Medium des schulischen Lernens muss ansetzen an den Inhalten, die allgemein verpflichtend den Lehrplan bestimmen. Verstehen ist die Voraussetzung für die Kompetenzen, die uns nicht durch den bloßen Vollzug des Lebens zufallen. Nun machte es aber keinen Sinn, einfach alle Inhalte erneut aufzuführen, die in hypertropher Weise bis heute die Vorgaben der Lehrpläne füllen. Auch würde es nicht weiterhelfen, das Verstehen dieser Inhalte als pädagogisches Postulat so zu formulieren, wie es Lehrende häufig gegenüber Schülern vortragen: »X müsst ihr einfach verstehen!« – als wäre der Befehl schon die zureichende Voraussetzung dafür, ihn befolgen zu können. Vielmehr sind die Inhalte des fachlichen Lehrplans danach zu durchmustern, wie sich in ihnen die Einheit des differenziert Vielfältigen selbst vollzieht. Man nannte das früher die »Struktur der Disziplin« als dessen organisierendes Prinzip. Was also sind die Konzepte (die Theorien, Paradigmen, Methoden, Schlüsselbegriffe), die erlauben, den Blick auf so etwas wie das Wesentliche, das Grundlegende, das organisierende Prinzip, das Zugang Stiftende oder Exemplarische zu fokussieren? Wollte man Bildung im pädagogischen Sinne standardisieren, so wäre es geraten, mit den zentralen Konzepten des Faches die Einheit des Methodischen und Inhaltlichen darzustellen und sie als das Modell für das Verstehen und des kompetenten Umgangs mit den Inhalten zu entfalten.

(b) Verstehen zu lehren bedeutet, nimmt man es als Ausgangspunkt und Ziel der didaktischen Bemühungen, dass alles das vermieden werden muss, was das Verstehen behindern kann. Die kritisierte Didaktik erkennt den Widerstand gemeinhin im Voraussetzungsreichtum der Inhalte und sucht folglich nach der Möglichkeit der Reduktion fachlicher Komplexität durch Elementarisierung und Vereinfachung, soziale Motivierung und durchnehmende Beschleunigung. Sie ist damit inzwischen so weit gegangen, dass ihre Erfindungen selbst zu den zentralen Behinderungen des Verstehens geworden sind: Didaktisierung ist letztlich der Umschlag der gut gemeinten Hilfestellung in die faktische Behinderung. Lehren setzt damit an am Maßstab des Verstehens und an den gleichsam natürlichen, von der Sache wie von den Dispositionen, d. h. von der Nutzung kognitiver Strukturen sowie der Bildungsinteressen der Lernenden aus bestimmten Voraussetzungen und Bedingungen der Möglichkeit des Verstehens. Lehren bedeutet damit im Kern der Unterrichtsvorbereitung die Aufgabe, den bzw. die möglichen Wege zur Erkenntnis der Sache als Modelle sich bewusst zu machen. Lehren verlangt dann im Unterrichtsvollzug letztlich nichts anderes, als der Logik des Bemühens um das Verstehen stützend zu folgen: Es geht um das Wechselspiel von Fragen und Antworten, das sich in der lebendigen Auseinandersetzung der Klasse mit dem Inhalt je besonders und doch entsprechend der Logik der Sache in immer gleicher Bedeutung ergibt. Die hinzugezogenen Unterrichtsmethoden haben dort eine streng dienende Funktion: Nur die Methode darf zum Zuge kommen, mit der der Inhalt auch tatsächlich aufgeschlossen werden kann. Ab der Sekundarstufe verlangt das nach einem durchgehenden wissenschaftsvorbereitenden bzw. propädeutischen Unterricht, denn alle Begriffs-, Konzept-, Theoriebildung und Methodik resultierten aus der Erkenntnistätigkeit der Wissenschaften.

(c) Erziehen vollzieht sich im intrinsischen Sinne (also jenseits des schulischen Belohnungssystems von Noten und Zertifikaten) im Medium einer ›Hingabe an die Sache‹ (Wilhelm von Humboldt, 1767–1835). Sie speist sich aus dem gerichteten Interesse an der Sache, der durch Phänomene angesteckten Neugier, dem humanen Bedürfnis, Lernen dadurch sinnvoll werden zu lassen, dass man versteht, worum es geht. Ohne eine darauf reagierende Vermittlung als Einrichtung der Sachen lässt sich kein inneres Motiv für Lernen stiften. Nur auf seiner Basis kommt es zu aussichtsreicher Erziehung. Diese Form der Erziehung knüpft an den menschlichen Schwächen an, wie sie mit der Schwierigkeit der Sache offensichtlich gemacht werden. Die Sache ist anspruchsvoller als gedacht und gehofft, sie weigert sich, umstandslos in den Kopf zu gehen. Eine Krise des Verstehens stellt sich ein, zwischen dem eingebrachten

Wissen und den Anforderungen der Sache scheint es keine Vermittlung zu geben. Man muss sich anstrengen und durchhalten, muss der Verführung durch das Zufriedensein mit dem Ungefähren, dem Rückzug auf die eigene Meinung, dem vermeintlich fehlenden eigenen Talent widerstehen. Das Glück der Erkenntnis muss immer wieder mit viel Disziplin erarbeitet werden. Erst dann lernt man aus Fehlern, versteht, warum man fehlerhaft vorgegangen ist und welchen guten Sinn es macht, das eigene Arbeiten methodisch zu kontrollieren. Erst dort, wo solches bewusst gemacht und gehalten wird, wird Erziehung als Mittel zum Zweck des Verstehens und nicht als moralisierend fehlgehender Selbstzweck angewendet und von den Schülern auch als solche verstanden.

Was folgt daraus konkret?

Die Alternative zu Bildungsstandards: fachliche Konzepte

Bildungsstandards wollen mit ihrer Kompetenzorientierung den Bildungsbegriff in seiner Aufgabe und Potenz beerben. Bei der Umsetzung der Standardisierung in den Bundesländern hat man etwa in Hessen durchgespielt, wie weit man das Formale von Kompetenzen gegenüber den Inhalten in der missverstandenen Befolgung jener *Expertise* (Klieme 2003) zu den Bildungsstandards hervorheben kann. Es kam hier zunächst zu einem fast vollständigen Verschwinden der Eigenansprüche des Fachlichen, das

Fachliche diente nur als das Material, an dem Universalkompetenzen wie Lesen und Schreiben eingeübt werden sollen. Der darauf antwortende Widerstand gegen die forcierte Entfachlichung schulischen Unterrichts entzündete sich an der Verunsicherung, was man denn lehren solle, wenn keine Inhalte mehr vorgegeben würden. Das zeigt, in welche Probleme man gerät, wenn man fachliche Inhalte nur noch als Mittel betrachtet, um an ihnen Kompetenzen zu entwickeln, die wiederum jedwedes fachliche Lernen gewährleisten sollen.

Inzwischen sehen sich Schulen mit der doppelten Beschreibung eines Sollens konfrontiert: Auf der einen Seite stehen konzeptionell übergreifende formale Kompetenzkataloge, die, mithilfe improvisierter Entwicklungsstufen gesteigert, primär die Lehre anleiten sollen. Auf der anderen Seite der Planung findet sich eine neuerliche Fassung von Kerncurricula, die auf rein inhaltlicher Ebene verbindliche Stoffe ausweisen. Verbunden werden beide Beschreibungen nicht.

Das ist umso verwunderlicher, als ja Lernen und Lehren überhaupt nur dann in Gang gesetzt werden können, wenn beide Aspekte praktisch miteinander interagieren. Begreift man Kompetenz als das Methodische der Erkenntnis und diese selbst als abhängig vom jeweiligen fachlichen Sachverhalt, so wird deutlich, dass beides zusammen gelehrt werden muss.

Würde also von der gegenwärtigen Bildungsplanung die Tradition der pädagogischen Denkform nicht einfach als eine »Hypertrophie« von Inhaltskatalogen abgeschüttelt, und würde nicht mit pragmatischen Modellierungen der pädagogischen Psychologie Bildung etikettierend zu Kompetenz und Kompetenz wiederum als eine abbildliche Deskription des kognitiv-praktischen Könnens umgeschrieben, würde stattdessen gefragt werden, was zu den bestimmten Stufen des allgemeinen Schulplans von der fachlichen Seite aus an Zugang stiftenden Grundlagen angesprochen werden soll, könnte man zu einer Standardisierung ganz anderer Art kommen: Diese könnte zeigen, welche fachlichen Konzepte mit dem Aufbau des zu tradierenden fachlichen Wissens im schulischen Curriculum anhängig werden und verstanden sein müssen, damit die Schüler die Inhalte, die sich in diesem Zusammenhang jeweils ergeben, lernen können. Dazu müssten die überkommenen Lehrpläne daraufhin befragt werden, welche für die jeweiligen Fächer paradigmatischen Sachverhalte in ihnen tatsächlich enthalten sind. Der Aufbau des Fachs wäre zu konfrontieren mit den in ihm enthaltenen erkenntnistheoretischen, wissenschaftstheoretischen und didaktischen Grundlegungen (s. u.). Die Didaktiker haben das als den »Bildungssinn der Fächer« (Wilhelm Flitner, 1889–1990), als das »Kategoriale der Inhalte« (Wolfgang Klafki, 1927–2016) oder als das »Exemplarische der notwendigen Vertiefung« (Martin Wagenschein, 1896–1988) immer wieder ausgelegt.

Nehmen wir die Curricula der 8. und 9. Klasse als Beispiel, so wird unmittelbar sinnfällig, was die dort bereits im Curriculum verankerten Konzepte eigentlich sind, die als Standards dienen könnten, da deren Verstehen unverzichtbar ist und die deswegen in gebotener Intensität unterrichtet werden müssten: Beliebt ist es im Verlaufe dieser Klassenstufe, grundsätzliche, scheinbar einfache Fragen zu stellen, so vor allem die nach dem, was etwas ist. Diese Fragen irritieren, weil sie an manches vermeintlich Bekannte gestellt werden und dann zeigen, dass man gar nicht das weiß, was man zu wissen glaubt. Sie richten sich auf überraschende und erklärungsbedürftige Phänomene und stellen die unterschiedlichen Weisen der Welterfahrung direkt infrage. Während unserer Studien zum Unterricht in 8. Klassen stießen wir auf die folgenden Fragen:

- Was ist Literatur im Gegensatz zu Sachtexten, welche Möglichkeiten hat sie als Kunstform?
- Was ist ein Argument, was eine These?
- Welche Temporalausdrücke ermöglichen eine Beziehung zu Vergangenheit, Gegenwart und Zukunft? Was drückt etwa die »continuous-form«, was das »passé composé« im Gegensatz zum »imparfait« aus?
- Was sagen Worte über unsere Haltung, was zu den überlieferten Beziehungen zu den Dingen aus?
- Warum steht ein Engländer geduldig in einer Schlange an – im Gegensatz zu einem Franzosen oder Deutschen?
- Wie konnte es zur Eroberung des Aztekenreiches durch ein paar spanische Abenteurer kommen?
- Wer oder was verursachte die »Machtergreifung« der Nationalsozialisten?
- Wer ist Deutscher und wie definiert man Nation?
- Was ist eine Gemeinschaft und was eine Gesellschaft?
- Wie erklärt man die Erderwärmung?
- Wie verhält sich die Natur zu ihrer Ausbeutung durch den Menschen?
- Was ist eine chemische Verbindung im Gegensatz zur Mischung von Elementen?
- Schafft Chemie neue (künstliche) Stoffe?

- Was ist Licht?
- Was ist elektrischer Strom?
- Warum sieht man den Mond am Tage, wenn die Sonne scheint?
- Was ist und wie vollzieht sich Vererbung?
- Inwiefern ist sie deterministisch und was dagegen bedeutet Evolution?
- Wie wird aus der Möglichkeit und dem »Zufall« eine Wahrscheinlichkeit?
- Was bedeutet eine Gleichung mathematisch, was bedeutet sie in der Lebenswelt?
- Was ist ein Kalkül oder eine Funktion als Ausdruck eines Zusammenhanges von Verschiedenem?
- Wie beweist man etwas in der Mathematik?
- Was ist Logik, was erscheint dagegen lebensweltlich als logisch?
- Was ist wahr, was richtig, was schön?
- Was ist ein Vorurteil?
- Wie steht Toleranz zu fundamentalen Glaubensfragen?
- Was ist Offenbarungsglauben, was dagegen Wissen und Überzeugung?
- Was ist Farbe?
- Wie kann man Farbe sehen, wenn die Dinge selbst nicht farbig sind?
- Was ist ein Bild, und was macht es sichtbar?

Diese und andere Fragen erweisen sich schnell als drängende Schlüsselfragen. Mit ihrer Beantwortung erschließen sich ganze Wissensgebiete. Die Relation von Frage und Antwort macht erst verständlich, was Wissen ist und wodurch es motiviert wird. Zugleich verweisen viele der Fragen auf die Differenz zwischen Alltagsverstehen und -deutung sowie der wissenschaftlichen Erkenntnisweise. Somit werden Kriterien für tatsächliches Verstehen und Verstehen der Wirklichkeit thematisch. Scheinbar Evidentes wird als Problematisches erfahren. Die Täuschung, das Missverständnis oder Aberglaube werden sichtbar und Verfahren der rationalen Prüfung aufklärend eingebracht.

In den Naturwissenschaften könnten folgende Fragen und Probleme auftauchen: Schockartig wird zum Beispiel bewusst, dass das, was wir mit dem Auge zu sehen meinen – etwa das Rote der Tomaten –, nicht dem entspricht, was angeschaut wird. Das Rote konstituiert sich im Auge als empfangene Wellenlänge des reflektierenden Lichts, die Gegenstände selbst sind aber streng genommen farblos. Grundsätzlich wird bewusst, dass die Chemie nichts künstlich herstellt, sondern nur Bestehendes umwandelt. Das Experiment zeigt, dass beim Verbrennen von etwas nichts sich in nichts auflöst. Der elektrische Strom wird mit Schaltungen in seiner Funktionsweise vorgeführt, zugleich verlangt deren Verständnis nach komplexen Modellierungen, dem Anschluss an lebensweltliche Vorbilder (der Strom eines Flusses) sowie nach der Distanzierung von falschen Analogien. Die Frage, was fließt eigentlich, wenn Strom fließt, wird zu einem hochkomplexen Rätsel. Der Widerspruch zwischen genetischer Determination und individueller Reproduktion, der zwischen Reproduktion und Veränderung, schreit förmlich nach theoretischen Vorstellungen zur Einheit des Vielfältigen. Wer nicht verstanden hat, was eine Gleichung ist, wird auch mit dem Rechnen in Gleichungen weiterhin Probleme haben, sobald er nicht mehr einem Rezept folgt. Wer nicht den Unterschied zwischen einer Gleichung mit einer Unbekannten, die man auflösen kann, und einer Gleichung, die eine Funktion ausdrückt, verstanden hat, kann, wie Lehrer immer wieder betonen, nach der 8. Klasse keinen Erfolg mehr in Mathematik erwarten. Deswegen muss die Logik der Funktionsgleichung erarbeitet, sie als Relationsverhältnis verstanden werden. Es reicht nicht zu zeigen, wie man y einsetzt und danach ein oder zwei Werte für ebenjenes eingesetzte.

Ähnliches gilt für an Gesellschaft interessierte Fächer: Das Integrationsproblem von Minderheiten in der Gesellschaft lässt sich rational nur analysieren, wenn man mit Begriffen zu unterscheiden vermag, was hier als Problem zentral wird. Gemeinschaften können sich in einer Gesellschaft ganz unterschiedlich bilden, die Frage bleibt, was sie zur Gesellschaft aller macht oder werden lässt.

Vor allem unwahrscheinliche Ereignisse in der Geschichte rufen die Rückfrage hervor: Wie konnte das geschehen? Geschehen wird dabei als eine Kraft der historischen Notwendigkeit begriffen, nicht unbedingt als eine der historischen Möglichkeit. Niemand hat den Fall der Mauer vorhersagen können, aber wenige mochten sich zugleich den Bestand der Mauer vorstellen. Von der Fähigkeit, Natur- und Gesellschaftsgeschichte als einen geregelten Zusammenhang zu konzipieren, wird wohl die Zukunft der Lebensverhältnisse auf der Erde abhängen. Dazu aber ist erforderlich, beide Geschichten zu verstehen.

Oder: Wer erkennt, wie Sprache funktioniert, erfährt in ihrer Differenziertheit keine Schikane des Deutsch- oder Fremdsprachenlehrers mehr. Er staunt darüber, wie es Engländer anders als Deutsche geschafft haben, mit der continuous-form Gegenwart, Vergangenheit und Zukunft in einem Ausdruck zu vereinen. Was der Franzose liebevoll »joujou« und der Deutsche »Spielzeug« nennt, bezeichnet nicht nur das gleiche Objekt, sondern auch eine fundamentale Differenz der Haltung dem Objekt gegenüber. Aus der sinnerschließenden Lektüre eines schwierigen Gedichts folgt als Erfahrung nicht schon der kollektive Wunsch, Dichter zu werden, aber es entsteht ein erfahrungsbezogener Eintritt in die Welt der nichtdiskursiven Erkenntnis. Man weiß dann zu umreißen, was ein Gedicht zu einem solchen macht. Das Gleiche gilt für die materiale Erschließung einer Kafka-Parabel im Gegensatz zur Nutzung des Textes für eine Klassifikationsübung. Und eine solche gemeinsame Verständigung über Strittiges setzt nicht nur gepflegte soziale Umgangsformen als Norm in Kraft, sie motiviert die Suche nach rationalen Modellen der Verständigung und führt auf die Analyse genau solcher Modelle.

Bei der Klärung eines jeden dieser Inhalte kann die Arbeitsweise der verschiedenen Disziplinen gezeigt und erfahren werden. Sie besteht in der Konzeptbildung, mit der sowohl die Objekttheorie wie auch der methodische Zugang zu den Sachverhalten bestimmt wird: Eine »Funktion« verweist auf ein eigenes mathematisches Wissensgebiet, es enthält eine axiomatische Begründung und operative Regeln und ermöglicht ein universelles unabgeschlossen variierendes Muster der Mathematisierung von Weltsachverhalten. So unterschiedliche Dinge wie Obst und Automobile lassen sich über ihren Marktwert in eine Gleichung bringen. Das Äquivalent-Setzen tut freilich der Besonderheit der Dinge und Personen durch ihr Abstrakt-Werden einige Gewalt an. Physikalische Gesetze lassen sich mit ihr genauso in eine Formel bringen wie die Berechnungslogik der Tarife der Bundesbahn.

Über solche Grundlagen des Wissens und Könnens stolpern Schüler bereits dann, wenn sie etwa beim konkreten Zeichnen mit der euklidischen Idealität von Punkt oder Gerade ringen (ähnlich bei der inzwischen berühmten Pyramidenaufgabe mit dem Bauernhofdach in *PISA 2000*; vgl. Rosch 2005). Sie sollen nämlich etwas eigentlich rein Geistiges bestimmen, was sie tatsächlich nur ersatz- oder annäherungsweise mit ihrer Zeichnung konstruieren können.

Die Betrachtung von Tintenfischpräparaten führt die Schüler zur Differenz zwischen ihrer Art, etwas beschreibend zu bestimmen, und der Methode, wie die Biologie die Morphologie zum wissenschaftlichen Verfahren erhoben hat – und damit keineswegs nur diesen Tintenfisch, sondern alle Lebewesen und ihre mögliche Entwicklung.

Die Anlage eines simplen Stromkreises mit Reihen- und Parallelschaltung führt sie zu der Frage, wie man sich das Fließen des elektrischen Stroms vorstellen muss, wie man etwas nicht Sichtbares durch eine experimentelle Anordnung gleichsam zum Sprechen bringen kann.

Die Schüler werden auch bei trivialen Sprachübungen über den Jugendjargon mit den spannungsreichen vielfachen Funktionen der Sprache konfrontiert, etwa mit der der genauen Bezeichnung (Semantik), ihrer Funktion als Verständigungsmedium und ihrer Funktion als (auch ästhetisches Mittel) ihrer Individuierung und Identitätsdarstellung. Das erweitert sich komparatistisch, wenn die Schüler mit den Eigenarten des Französischen oder Englischen konfrontiert werden und eine Ahnung davon bekommen, wie eine Sprache die Beziehung zur Welt different ausdrücken kann.

Im Geschichtsunterricht über ferne Zeiten, etwa das Mittelalter, stolpern die Schüler sogar bei Wikipedia-»Recherchen« über die Unsicherheit der historischen Überlieferung, über das Problem der Geschichtswissenschaft als Instanz zur Erklärung, wie es wirklich war, oder auf das Faszinosum, dass historische Geschehnisse mit den Erfahrungen über die Gegenwart nicht vermittelt werden können und deswegen rätselhaft bleiben (vgl. Gruschka 2008).

Der politische Geografieunterricht, der die Verstädterung in Lateinamerika als Phänomen bearbeitet, muss damit rechnen, dass die Schüler die (in Presseartikeln) angebotenen einfachen Erklärungen wegen mangelnder Plausibilität ablehnen: Schnell merken sie, wie normative Urteile und Beschreibungen eine versprochene Erklärung der Entwicklung ersetzen.

Die Hoffnungslosigkeit, das Gleichnis vom Weinberg unter Kriterien irdischer Gerechtigkeit sinnvoll zu interpretieren (vgl. Gruschka 2009, S. 456 ff.), öffnet den Horizont nicht nur für die Literaturgattung des Gleichnisses, sondern auch für die in ihm enthaltene Veranschaulichung des christlichen Verständnisses göttlicher Gerechtigkeit.

Oder: Werden im Kunstunterricht die Schüler dazu aufgefordert, mit einer kollektiven Arbeit Chagall'sche Kirchenfenster praktisch nachzuvollziehen, so verwickelt sie das, auch wenn die Produktion kunsthandwerklich nur auf dilettierendem Niveau zugehen mag, immer wieder in Momente künstlerischer Erfahrung, etwa dann, wenn sie Farbe auf Plexiglas auftragen und unwillkürlich merken, was es bedeutet, eine lebendig leuchtende Textur hervorzubringen.

Sowohl die Naturwissenschaften als auch die anderen Unterrichtsfächer provozieren bei Schülern Grundfragen der Welterkenntnis. Diese verweisen auf der einen Seite auf konkrete Modelle und Theorien (das Atommodell), zugleich überschreiten sie die Immanenz des Faches und führen zur Philosophie bzw. zu philosophischen Anschlussfragen: Die Unendlichkeit der Gerade und des Raumes findet ihre Entsprechung in der Ausdehnung der Zahlen und führt die Schüler auf die Begrenzung/Entgrenzung von Vergangenheit und der Zukunft. Die Notwendigkeit, sich einen Beginn und ein Ende vorzustellen, mit der Gleichzeitigkeit, nicht sagen zu können, dass vorher und nachher nichts sei, lässt Assoziationen zum kosmischen Ich-Welt-Verhältnis aufkommen, in dem die winzige eigene Ausdehnung zu verschwinden droht. Das kann jeden in einen Strudel von Sinnfragen versetzen. Dergleichen lässt sich bereits aufspüren in den schüchternen Versuchen der Schüler, die Gerade zu definieren (»... die beginnt vor A und geht durch B«, »... beginnt vor dem ersten Punkt und setzt fort beim letzten Punkt«).

Wie könnte man nun Schüler auf eine solche existenzielle Form des Fragens und Wissenwollens stoßen?

Zuweilen nutzen Lehrer das Potenzial des existenziellen Wunderns, um ihr Fach und dessen Inhalt bedeutungsvoll ins Spiel zu bringen. So kommt es vor, dass der Lehrer die Schüler danach fragt, was denn »eigentlich Licht« sei. »Was ist Licht? ... Leute, was ist Licht? Woraus besteht Licht? Wo kommt's Licht her?« Die irritierten Schüler lassen sich zunächst nicht so recht auf die Frage ein und antworten mit dem, was sie schon über das Licht gelernt haben: »natürliche und unnatürliche Lichtquellen« werden genannt, Licht als »Strahlen, die gradlinig sind«. Aber der Lehrer lässt nicht locker: »Ich will nicht wissen, wie es ist, sondern was Licht ist, was sind Strahlen, woraus bestehen die?« Und fragt immer weiter, um mögliche tiefere Bedeutungen der Substanz des Lichtes und der Strahlen hervorzulocken. Indem er das tut, entfernt er sich unfreiwillig von einer kruden technischen Betrachtungsweise und ruft damit Nachdenklichkeit bei den Schülern hervor: »Wie kann so etwas wie Licht Substanz haben? Luft ja, aber Licht? Aber irgendetwas dergleichen (Was aber ist dann Substanz?) muss da sein, denn der Blick aus dem Fenster am späten Nachmittag zeigt zuweilen ein grandioses Farbenspiel. Aber diese Farben, sind sie Licht oder nicht bloß feuchte Luft? Aber wie kann die farbig werden, und wie können wir das sehen, etwa über Strahlen?«

Mehrheitlich stellt nicht der Lehrer eine solche philosophische Frage, sondern der Schüler. Wir finden durchweg, dass eine Fragestellung gleichsam ausgekühlt wird durch eine Sachlichkeit, die wiederum auf lernbaren Stoff abhebt – als ob es sich dabei um zwei unversöhnliche Brüder handeln würde.

Die philosophisch genannten Rückfragen an die Fachlichkeit sind vielfach an diese zurückgebunden: In einer Biologiestunde etwa wird die Frage aufgeworfen, wie die Evolution mit der Ökologie und damit mit dem Handeln der Menschen verbunden ist. Im Deutschunterricht geht es um das Verhältnis von fiktiver Erzählung und Wirklichkeit, in Geschichte darum, ob man aus ihr lernen könne, in der Politik um die Frage, warum Gesellschaften nicht tun, was im Interesse ihrer Mitglieder liegen würde. Die Beunruhigung, die wie weniges sonst für »das Fach« einnehmen könnte, widerspricht augenscheinlich der Pflicht zur Behandlung des Stoffes. Anders ist vielleicht nicht zu verstehen, wie indifferent der Unterricht im Vergleich zu den von ihm hervorgerufenen fruchtbaren Momenten bleibt.

Die durch die Konfrontation mit Phänomenen wachgerufene Faszination kann dazu führen, dass sich verschiedene Erkenntnisinteressen der Wissenschaften wie auch die der Schüler begegnen und sich in ihrer Bedeutung bewusst werden, etwa als das technische oder instrumentelle, das theoretische oder auch das praktische Interesse an der Erkenntnis. Die Schüler würden auf diese Weise zu neugierigen Entdeckern. Sie ließen sich auf Gedankenexperimente und Spekulationen ein, wollten prüfen, ob stimmt, was sie vermuten, ob funktioniert, was sie als technische Lösung gefunden haben, bzw., sie würden erfahren, wie dasjenige funktioniert, was andere bereits entdeckt haben. Das technische Interesse kann dabei auch jenseits der Instrumentalisierung der Erkenntnis liegen und im spielerisch lustvollen Umgang mit den erschlossenen (mathematischen oder sprachlichen) Möglichkeiten verbleiben.

Auf diese Weise könnte der Theoretiker, der Empiriker, der Detektiv, Phänomenologe, der Handwerker oder der Ingenieur der Zukunft während der Arbeit an einer Sache bereits sichtbar werden: Schüler verfolgen nämlich nicht selten vor allem die Katalogisierung und Archivierung des Wissens, dessen Sammlung und Ordnung. Das geschieht oft mit dem Ziel, möglichst schnell alles Bekannte als Information abrufen zu können. Wieder andere fragen bei jeder Gelegenheit nach dem persönlichen oder allgemeinen Nutzen, der aus den Sachen, die sie lernen sollen, erwachsen kann. Sie wollen Wissensgebiete beherrschen bzw. ihren Ort im Leben der anderen Menschen kennen. Diese Form des Nutzens kann sowohl auf die Humanisierung der Lebensverhältnisse als auch auf den wirtschaftlichen Gewinn bezogen sein, den man mit einer Erfindung erzielen kann. Aus dieser Haltung heraus kann sich ein Pragmatiker oder Idealist oder der Gesellschaftskritiker entwickeln. Das Vergnügen an der Sprache und die Lust am Text kann Schüler so weit erfassen, dass sie philologische, hermeneutische, schöngeistig-ästhetische Interessen entwickeln.

Das Bildungsinteresse findet in den Fächern unterschiedliche Anregungen, etwa in der Mathematik die der Logifizierung und Formalisierung, in den Naturwissenschaften das Interesse daran zu verstehen, was »die Welt im Innersten zusammenhält« und bestimmt (etwa auch, wie man das »natürliche Dasein bewahrend formen kann«). In den Gesellschafts- und Sozialwissenschaften steckt das Interesse an der Genese der gegebenen unterschiedlichen Lebensverhältnisse und die Frage, wie eine vernünftige gesellschaftliche Ordnung aussehen könnte. In den Sprachen wird das Vergnügen am Universum der geregelten Ausdrucksmöglichkeiten und der Möglichkeit, den Sinn der Ausdrucksgestalten zu verstehen, virulent. In der Kunst geht es um den freien Ausdruck und das Andere der Vernunft, in der Religion um die Fragen der Transzendenz und Metaphysik.

Die fachlichen Inhalte verweisen nicht selten über sich hinaus: So hat man es etwa mit der schwer zu begreifenden Idealität von Punkt, Strecke, Strahl und Geraden zu tun, z. B. der Bestimmung eines Nichts durch die Kreuzung zweier Linien, der Setzung von Grenzen einer Punktmenge und der Definition von etwas, das als Unendlichkeit unbegrenzt ist. Diese Konstruktionen verweisen weit über die euklidische Geometrie hinaus und implizieren auch für die Schüler existenzielle Rückfragen an ihr kosmologisches Ich-Welt-Verhältnis. Etwa: Woher kommen wir? Wann und wie fing alles an? Was war davor, und was kommt danach?

Grundbestimmungen der eigenen Erkenntnistätigkeit werden anlässlich der Einführung in die Infinitesimalrechnung virulent, z. B. mit dem Umgang berechenbarer Wahrscheinlichkeit beim Würfelspiel, die anstelle der Rede vom bloßen Glück (Zufall) den kalkulierbaren Gegensatz zur strikten Kausalität (Notwendigkeit) markiert. Auch ohne die Nutzung des mathematischen Kalküls wird so ein Konzept von Freiheit, Notwendigkeit, Ursache und Wirkung, Handlung und Folge gebildet, mit dem man sich auf viele andere Bereiche der Erkenntnis beziehen kann.

Die Methode des Experiments in den Naturwissenschaften führt zur Entdeckung strenger Kausalität, aber selbst die beste Erklärung eines »Wie« sagt noch wenig darüber aus, warum die Naturdinge so sind, wie sie bestimmt werden. Die Erklärung des Zusammenhangs von Ursache und Wirkung liefert noch keinen Grund für ein tatsächliches Vorhandensein dieser Erklärung. Metaphysische Rückfragen stellen eine Folge noch so klarer Erklärungen dar. Das Staunen über die Geordnetheit der Natur provoziert zugleich die Frage nach ihrem Sinn. Zugleich meldet sich das Unbehagen von außen, ob Naturdinge nicht deutlich mehr sind, als sie in nüchterner naturwissenschaftlicher Forschung erscheinen, ob sie nicht auch schön und erhaben sind, sie nicht auch abhängig von ethischen Fragen bestimmt werden müssen.

In der Sprache ist nicht nur Grammatik, Syntax und Lexis enthalten, in ihr kommt zugleich das Ich-Welt-Verhältnis jeweils Person für Person und das menschliche Vermögen zur Explikation von Erkenntnissen zum Ausdruck. Sie ermöglicht oder behindert die Verständigung unter Personen, sie erlaubt die fiktionale Konstruktion von Welten.

Abwegig erscheint der Gedanke, dass Schülern, die im Begriffe sind, ihr eigenes Ich-Welt-Verhältnis zu begründen, entsprechende Konzepte als Ich-fremder Schulstoff erscheinen müssen. Noch dort, wo der Unterricht das Problem auf den Schulstoff zurechtstutzt, sei es als sprachwissenschaftliche oder literarische Betrachtung, ist damit zu rechnen, dass die Schüler auf jenes Verhältnis stoßen. Auf diese Weise könnten die Fächer selbst für die Schüler an Kontur gewinnen.

Die Sozialwissenschaften sind insgesamt durch eine fachlich multiple Gegenstandsbestimmung ausgezeichnet, zugleich kommt in ihnen die eigene Positionalität so stark ins Spiel, dass die Einnahme eines exzentrischen Standpunktes selbst zum Problem wird. Man spricht immer über sich, indem man über andere spricht. Der Ethnograf zieht in unbekannte Weltgegenden, um das genuin Fremde zu entschlüsseln, am Ende erfährt er dieses vor allem als Kontrastfolie zum Eigenen und Vertrauten.

In Politik und Geografie werden Lebensverhältnisse von Menschen, Gruppen und Nationen zueinander in Beziehung gesetzt, auseinander erschlossen und miteinander verglichen. Damit sind Lebenschancen genauso thematisch wie deren willkürliche Begrenzung. Zu erklären ist, wie es zu diesen Unterschieden kommt, welche Machtinteressen sich wie durchsetzen, welche moralischen und danach politischen Konsequenzen hinsichtlich der Gestaltung und der Einflussnahme auf die Verhältnisse gezogen werden müssten. Dass Schüler oft autistisch, gleichgültig und/oder egozentrisch auf die dargestellten Probleme reagieren, lässt sich wohl eher mit dem Unterricht, nicht aber mit der angesprochenen Sache erklären.

Religionslehre konfrontiert die Schüler mit dem Anderen der uns säkular aufklärerisch gegebenen Vernunft. Wer etwa das Gleichnis von der Arbeit im Weinberg liest, wird mit dem Unterschied zwischen diesseitiger Gerechtigkeit und derjenigen Gottes konfrontiert, der Unfassbarkeit einer Güte, die im Diesseits als schiere Willkür erscheinen muss.

Bildende Kunst und Musik evozieren bei Schülern Formen der nichtdiskursiven Welterkenntnis. Hören oder produzieren sie Musik oder versuchen sie, mit gewählten Mitteln etwas malerisch zu gestalten, machen sie Bekanntschaft mit der Welt ästhetischer Erfahrung. Sie lernen, einen Ausdruck für einen Eindruck zu finden. Farbe, Raum, Textur, Form, allesamt lebensweltlich zutiefst vertraut, werden bei deren darstellender Repräsentation zu einem Problem der Erkenntnis. Eine schlichte Übung im Sportunterricht, etwa den Handball einen Parcours entlangzuprellen, führt sie an die Grenze der Erfahrung dessen, was leiblich Rhythmus bedeutet.

Kurzum: Würde man sich in der Bildungsplanung darauf verständigen können, welche zentralen, weil Zugang stiftenden fachlichen Fragen im Unterricht gestellt werden sollen, würde es auch nicht schwerfallen, das ihnen korrespondierende Wissen auszuweisen sowie auch die Kompetenzen seines Nachvollzuges einzuüben.

Solche Beschreibungen zum Bildungsgehalt der angesprochenen Inhalte der Fächer wird man in den Reformpapieren zu den Bildungsstandards und der Kompetenzorientierung vergeblich suchen. Sie sollten deutlich machen, was mit der Reform auf dem Spiel steht bzw. was verloren zu gehen droht.

Entdidaktisierung der Inhalte angesichts ihrer Didaktisierung

Das Faszinierende solcher fachlichen Konzepte besteht nicht zuletzt in ihrem Rätselcharakter. Die Frage »Was ist das?« zielt nicht auf eine schnelle oberflächliche Antwort, sie drängt in die Tiefe einer bislang unbekannten und unbegriffenen Welt. Das Explizit-Machen der Antwort wirft sofort Probleme mit der gewohnten Prädizierung (x ist ein p) auf. Schnell will man wissen, was das »eigentlich« in Wirklichkeit bzw. genau ist. Der Frage in aller Konsequenz zu folgen, birgt die Gefahr, sich in ihr zu verlieren. Die folgenden Stoffgebiete warten bereits ungeduldig, ebenfalls durchgenommen zu werden. Auch aus dieser Quelle speist sich die Tendenz der Didaktik zur Beschleunigung und Abkürzung: Sie will Rezepte liefern, mit denen man das Ganze schneller erreichen können soll.

Wir haben sehen können, dass die gegenwärtige Didaktik dabei aber keineswegs die Konzentration auf die Sache betreibt, sondern ihr immer stärker ausweicht: Die Analyse der Didaktisierungstendenzen formuliert zwei zentrale praktische Botschaften. Die erste besteht in der Aufforderung, wo nur immer möglich mit ihr abzurüsten, die andere darin, didaktischen Irrtum im Unterricht nicht zuzudecken, sondern ihn produktiv zur Klärung der Sache zu nutzen.

Der Umgang mit beiden Aspekten sei an zwei hochkontrastiven Beispielen aus dem empirischen Deutschunterricht demonstriert: der Behandlung eines Gedichtes von Oskar Loerke (1884–1941) und der Einführung in die Argumentation (Gruschka 2009, 2010)[3].

Die den Schülern ausgehändigte Lehrbuchkopie legt eine Spur, was die Lehrerin mit dieser Kopie bezweckt. Sie hat aus der mit vielen Bildern und Arbeitsanweisungen garnierten Seite aus dem Schulbuch allein den Text des Gedichts ausgeschnitten. Sie möchte augenscheinlich, dass die Schüler sich mit dem Text als Text und nur mit ihm beschäftigen. Sie sollen nicht abgelenkt, d. h. letztlich unterhalten werden, etwa durch bildhafte Kommentare zum »Blauen Abend in Berlin«. Auch möchte sie nicht, dass die Schüler gelenkt und gesondert aktiviert werden durch die nachgestellten Aufgaben. Auf diese Weise reagiert sie auf einen Konditionierungseffekt, der heute von vielen Lehrwerken ausgeht. Er besteht darin, dass die Schüler sich der

3 Die Beispiele stammen aus dem Forschungsprojekt »Pädagogische Rekonstruktion des Unterrichtens« (PAERDU) an der Goethe-Universität Frankfurt a. M., online: https://www.uni-frankfurt.de/51669803/PAERDU. In vier hochkontrastiven Schulen der Sekundarstufe I wurde der Unterricht in 8. Klassen über die Breite aller Fächer – mit Ausnahme des Sport- und Musikunterrichts – aufgezeichnet, transkribiert und mit der Methode der Sequenzanalyse mikrologisch untersucht.

jeweiligen Sache in dem Modus zuwenden, der mit den Bearbeitungsaufgaben gegeben ist und der in der Regel oft reichlich künstliche Umwege zu beschreiten verlangt. Die Lehrerin ließ von der Lehrbuchfassung allein den Hinweis auf die Entstehung des Gedichts, die Zeilenzählung sowie die Erklärung der beiden den Schülern nicht (mehr) bekannten Worte, nämlich »Essendämpfe« und »Dünen«, übrig.

Die hier eliminierte Rahmung zeigte den Schülern im Gegensatz dazu, dass das Gedicht nur noch Mittel zum Zweck ist, um den allein didaktisch motivierten Methoden der Bearbeitung ein Medium zu liefern. Es heißt auf der nächsten Seite des Deutschbuches:

»1. Sucht zu dem Gedicht von Loerke jeweils neue Titel! Vergleicht Eure Vorschläge!
2. Schaut euch nochmals die Abbildungen auf Seite 229 an und vergleicht eines der Bilder mit dem Gedicht [Warum aber nicht beide? – A. G.]!
3. Untersucht die *Sprachbilder* (Metaphern, Vergleiche, Personifikationen) in Oskar Loerkes Gedicht
   - erarbeitet das Bildfeld Wasser in dem Gedicht, indem ihr die einzelnen sprachlichen Bilder in einer Tabelle anordnet (links: Bild im Gedicht wie ›Himmel fließt‹, rechts: mögliche Bedeutung wie ›strahlendes Blau des Himmels erscheint als Fluss‹)
   - wertet die Tabelle aus. Was leistet die Wassermetaphorik für die Aussage und Wirkung des Gedichts?
4. Schreibt das Gedicht von Oskar Loerke in euer Heft und unterlegt die Verse gemäß der Betonung mit ei-

Kurt Tucholsky

Augen in der Groß-Stadt (1930)

Wenn du zur Arbeit gehst
am frühen Morgen,
wenn du am Bahnhof stehst
mit deinen Sorgen:
da zeigt die Stadt
dir asphaltglatt
im Menschentrichter
Millionen Gesichter:
Zwei fremde Augen, ein kurzer Blick,
die Braue, Pupillen, die Lider –
Was war das? vielleicht dein Lebensglück …
vorbei, verweht, nie wieder.

Du gehst dein Leben lang
auf tausend Straßen;
du siehst auf deinem Gang,
die dich vergaßen.
Ein Auge winkt,
die Seele klingt;
du hasts gefunden,
nur für Sekunden …
Zwei fremde Augen, ein kurzer Blick,
die Braue, Pupillen, die Lider;
Was war das?
kein Mensch dreht die Zeit zurück …
Vorbei, verweht, nie wieder.

Du mußt auf deinem Gang
durch Städte wandern;
siehst einen Pulsschlag lang
den fremden Andern.
Es kann ein Feind sein,
es kann ein Freund sein,
es kann im Kampfe dein
Genosse sein.
Es sieht hinüber
und zieht vorüber …
Zwei fremde Augen, ein kurzer Blick,
die Braue, Pupillen, die Lider.
Was war das?
Von der großen Menschheit ein Stück!
Vorbei, verweht, nie wieder.

Oskar Loerke

Blauer Abend in Berlin (1911)

Der Himmel fließt in steinernen Kanälen;
Denn zu Kanälen steilrecht ausgehauen
Sind alle Straßen, voll vom Himmelblauen.
Und Kuppeln gleichen Bojen, Schlote Pfählen

Im Wasser. Schwarze Essendämpfe[1] schwelen
Und sind wie Wasserpflanzen anzuschauen.
Die Leben, die sich ganz am Grunde stauen,
Beginnen sacht vom Himmel zu erzählen,

Gemengt, entwirrt nach blauen Melodien.
Wie eines Wassers Bodensatz und Tand
Regt sie des Wassers Wille und Verstand

Im Dünen[2], Kommen, Gehen, Gleiten, Ziehen.
Die Menschen sind wie grober bunter Sand
Im linden Spiel der großen Wellenhand.

1 **Essendämpfe:** Schornsteinrauch
2 **Dünen:** Heben und Senken der Wellen

Heinrich Biermann / Bernd Schurf (Hrsg.): Deutschbuch 8. Illustrationen von Klaus Ensikat. © Cornelsen Verlag 1998. S. 234.

Oskar Loerke

Blauer Abend in Berlin (1911)

Der Himmel fließt in steinernen Kanälen;
Denn zu Kanälen steilrecht ausgehauen
Sind alle Straßen, voll vom Himmelblauen.
Und Kuppeln gleichen Bojen, Schlote Pfählen

Im Wasser. Schwarze Essendämpfe[1] schwelen
Und sind wie Wasserpflanzen anzuschauen.
Die Leben, die sich ganz am Grunde stauen,
Beginnen sacht vom Himmel zu erzählen,

Gemengt, entwirrt nach blauen Melodien.
Wie eines Wassers Bodensatz und Tand
Regt sie des Wassers Wille und Verstand

Im Dünen[2], Kommen, Gehen, Gleiten, Ziehen.
Die Menschen sind wie grober bunter Sand
Im linden Spiel der großen Wellenhand.

1 **Essendämpfe:** Schornsteinrauch
2 **Dünen:** Heben und Senken der Wellen

ner geschwungenen Linie (eine gleichmäßige Welle unterspielt die Zeile ›Der Himmel fließt in steinernen Kanälen‹). Welche Aussage könnt ihr über *Metrum* und *Rhythmus* machen?

5. Tragt das Gedicht vor« (Biermann/Schurf 1998, S. 235).

Bevor die Schüler, ja anstatt, dass sie das Gedicht zuerst einmal lesen, würden sie nach Maßgabe des Didaktikers auf einen Parcours geschickt, der sie den Titel neu erfinden, Zeichnungen vom alten Berlin betrachten, isoliert Sprachbilder und ihre Bedeutung suchen und Wellen malen lässt. Der Didaktiker entwarf den Parcours nicht als Hindernislauf, sondern wohl in der guten Absicht, den Schülern auf diese Weise Zugänge zum schwierigen Gedicht zu eröffnen. Ein neuer Titel lässt sich freilich erst dann finden, wenn der Sinn des Textes dem Schüler bereits aufgegangen ist. Will man das vorher tun, stülpt man dem Text eine flüchtige Lesart über, die aus dem diffusen Verständnis dessen erwächst, was Loerke wohl zeigen will. Die Assoziation, dass es sich um eine Stadt im Wasser oder aber unter Wasser handelt, könnte so dazu motivieren, von einem »blauen Abend in Venedig« zu sprechen. Ob ein solches wörtliches Lesen zum sinnerschließenden Verstehen führt, kann wohl bezweifelt werden. Die Anschmiegung an den Rhythmus durch das Unterlegen von Wellen dürfte ebenso wenig funktionieren.

Vor allem mit den inhaltlichen und formalen Bestimmungen würden die Schüler zugleich über- und unterfordert. Zur Leistung der Wassermetaphorik ist Sinnvolles erst am Ende einer Erschließung mitzuteilen, ansonsten werden die Schüler zu wilder Spekulation veranlasst. Jenseits der technischen Ansage, dass das Gedicht wohl als ein Sonett in eine bestimmte Form gebracht worden ist, ist nichts über eine entsprechende Motiviertheit und Sinnhaftigkeit der Form zu sagen. So weit der didaktische Vorschlag im Schulbuch.

Nicht so die Lehrerin. Sie bricht aus dem didaktischen Regime der Vorlage fast zwei Stunden lang aus und folgt einem anderen Plan. Sie fordert die Schüler zunächst dazu auf, dass jeder für sich das Gedicht mehrfach liest und es sich dann leise selbst vorträgt. Die Schüler folgen ihr zum Teil belustigt, zum Teil ernsthaft. Mit diesen ersten Schritten schmiegt sich die Lehrerin mit den Schülern an das Fremde des Kunstwerks behutsam und sinnlich an. Indem sie nicht nur lesen, sondern es sich leise vorlesen, müssen sie vernehmlich das Gedicht betont sprechen und hören auf diese Weise, was sie artikulieren. Dabei machen sie zwei Erfahrungen, die die Lehrerin bewusst ermunternd als Befragung des Textes erörtern lässt: Zunächst erscheint ihnen der Text als »komisch«, weil er sowohl verständlich als auch unverständlich ist. Nimmt man ihn beim Wort, kann man den Eindruck bekommen, dass »der Erzähler sich da Berlin als in einem Meer vorstellt. Die Schornsteine sind, wo halt der Qualm rauskommt, die sind Wasserpflanzen«. Man merkt dann, dass »Berlin unter Meer sein soll oder im Meer«. Das passe doch »besser zu Venedig« als zu Berlin, assistiert ein Mitschüler. Vielleicht soll das Meer aber nur die Bewegung in einer Stadt wie Berlin versinnbildlichen, »halt so wie Wasser«. Dann ist das »Gedicht so von oben praktisch gemacht«, aus großer Entfernung, und von dort sieht man die Ströme der Menschen wie das Fließen des Sandes. Einem anderen Schüler scheint der Text nicht zum Titel zu passen, werde doch Berlin gar nicht beschrieben. Der Dichter habe »geträumt in 'ner anderen Welt«, »bisschen komisch alles«, »wie ein Rätsel irgendwie«. Die spontanen Reaktionen zeigen beeindruckend die Bereitschaft der Schüler, sich auf die poetologische Struktur des Textes einzulassen.

Die zweite Erfahrung bezieht sich darauf, dass der Text sich gegen das gewohnte oder zumindest bekannte Lesen von Gedichten sperrt. Das »Reimschema« funktioniere nicht, man könne nicht wie gewohnt betonen, könne nicht mit dem Absenken der Stimme beim Satzende operieren. Die Großschreibung zu Beginn einer Zeile bedeute ebenso wenig den Beginn eines neuen Satzes. Die Syntax und die Sinneinheiten wechseln nicht mit der Folge der Zeilen und Strophen, sondern gehen über diese scheinbar willkürlich hinaus. Wie soll man also betonen: nach der Syntax der Sätze oder den Übergängen der poetischen Struktur folgend?

Die sich sachlich anbietende Folge dieser Erfahrung bestimmt die nächste Phase, nämlich die Explikation des Problems an Gedicht und Text. Die Schüler erkunden die Form und ihre Beziehung zum Inhalt der Sätze. Sie suchen alle Zeilensprünge, die »Enjambements«. Nachdem sie wissen, wo sich die Fallstricke befinden, starten sie den nächsten Versuch: Wie kriegt man eine syntaktisch plausible und rhythmisch hörbar sinnvolle Betonung hin (»eine schöne Vortragsweise«)? Der Vortrag wird nun in Partnerarbeit wechselseitig organisiert und das Gegenüber als der Zuhörer damit zum Kritiker des eigenen Versuchs gemacht. Die Ergebnisse befriedigen die Schüler durchweg nicht. Sie merken, dass man das Problem nicht einfach mit der gewollten Überbrückung der beiden Formgesetzlichkeiten bewältigen kann. Achtet man auf den Rhythmus, ergibt es keinen Sinn, achtet man auf den Satz, zerstört man den Rhythmus. Es führt kein Weg daran vorbei zu verstehen, was die Sätze bedeuten. »Ich glaub, wir haben auch noch gar nicht kapiert, um was es da wirklich geht.« Die Schüler wechseln selbstständig die Perspektive und beginnen damit, nach Bedeutungen der Textteile zu suchen. Zugleich starten sie immer wieder neue Versuche, durch das Vortragen und Hören das Rätsel des Textes zu lösen.

Bedeutung verweist hier anders als bei einer erzählenden Ballade auf die »Verrücktheiten« des Textes und die poetischen Freiheiten, mit denen der Autor den »Blauen Abend in Berlin« sprachlich ausmalt. Die Schüler diskutieren, wo die Poesie sich über die normale sprachliche Abbildung der Welt erhebt, und formulieren erweiterte Hypothesen, was der Autor mit den einzelnen Bildern und dem Gedicht insgesamt vielleicht sagen will.

Nach dem beispielhaften Vortrag vor der Klasse fasst die Lehrerin das Zwischenergebnis der Bemühung zusammen, indem sie die bislang verfolgte Methode ins Bewusstsein hebt, nämlich vom quasi erlebten Inhalt beim Lesen über das anschmiegende und deutende Vorlesen mit Bezug auf den Inhalt, dann die Aufmerksamkeit für die Form und im Anschluss wieder die Ausrichtung auf den Inhalt, »um das Gedicht nun endgültig zu knacken«.

Ich kürze hier ab: Als die Schüler so weit vorbereitet sind, dass sie mit ihrer Lehrerin Zeile für Zeile an die Erschließung des Textes gehen können, um mit versammelter exakter Phantasie und produktiver Öffnung für den Modus der ästhetischen Erfahrung das Gedicht »zu knacken«, lenkt die Lehrerin ein und leitet die Schüler zurück zum Lehrbuch. Unvermittelt sollen die Schüler die vorbereitete dritte Aufgabe zu den Sprachbildern lösen. Sie sollen in eine Tabelle alle einzelnen Bilder eintragen, und zwar so, dass in die linke Spalte das abgeschriebene Bild kommt und in die rechte eine mögliche Bedeutung. Es zeigt sich bald, dass die Lehrerin damit eine didaktisch scheinbar einfache, faktisch aber nicht lösbare Aufgabe stellt, mithin eine, die sie selbst wohl vorher nicht gelöst hat. Die »großen Probleme«, die daraus erwachsen, führten eigentlich zurück zum Gedicht und verlangten eine kritische Distanzierung vom Arbeitsauftrag. Aber dazu kommt es nicht mehr. Am Ende, nach einer völlig diffusen Sammlung von Ergebnissen, kollabiert der Unterricht in die Hausaufgabe: »Lest nach, was ein Sonett ist. Lernt das Gedicht auswendig.« Die Erschließung der Bedeutung wird auf die nächste Stunde vertagt, ohne dass erkennbar wird, wie aus dem Scheitern der didaktischen Übung gelernt werden könnte.

Bis zu dem Moment, als die Sortier- und Sammlungsaufgabe gestellt wurde, ließ sich eine rare Unterrichtspädagogik beobachten. Die Erziehung der Schüler geht von der Schwierigkeit der Aufgabe und der Botschaft der Lehrerin aus, die Klasse werde durch das »Arbeiten am Gedicht« dessen Inhalt erschließen können. Weitgehend unbeeindruckt von den kleinen Fluchtversuchen von Schülern in den Blödsinn und Klamauk wurde dieser Weg über fast zwei Schulstunden vollzogen. Die Lehrerin leitete den Prozess durch Aufgaben an, aber sie verzichtete vollständig auf die Didaktisierung, die das Lehrbuch ihr empfohlen hatte. Sie folgte dem als natürlich inszenierten Gang der Bearbeitung, bei dem die Lösung zu einem Teil des Problems die Stellung der nächsten Aufgabe mit sich bringt. Das Sich-Überlassen an die Sache und die mit ihr verbundene Aufgabe der Erschließung war nur deshalb möglich, weil die Schüler sich von der Herausforderung ästhetisch wie kognitiv affizieren ließen, das auf den ersten Blick »Komische« als ein Sprachkunstwerk ernst zu nehmen.

Dass es dann zum Griff in die didaktische Trickkiste kam, haben wir so zu verstehen versucht: Mit ihrer Arbeit ist die Lehrerin an die Grenze des Unterrichtens gestoßen. Nun, nach pädagogisch motivierter Anleitung, müsste sich ein offener symmetrischer Erschließungsdiskurs ergeben, mit dem dann die ästhetische Erfahrung als sachangemessene Rezeption zu erreichen wäre. Sei es, dass die Lehrerin sich für nicht fähig zu einer solchen Auslegungspraxis erachtet oder sie die Rolle der Unterrichtenden nicht ablegen kann, sei es, dass sie entgegen ihrer Ankündigung doch eine Überforderung der Schüler vermutete: Sie normalisierte das Vorgehen mit ergebnisorientierten Tabellen zu Bildauslegungen. Der bis dahin beeindruckend konsequent verfolgte Bildungsprozess wurde damit um seine Früchte gebracht, die bisherige Arbeit am Gedicht mit einer Suchaufgabe verballhornt. Zuordnen kann man in der Tabelle links Kuppeln und rechts Bojen im Wasser, oder Essendämpfe links und Wasserpflanzen rechts. Leider funktioniert das nicht so mit den »Leben«, die sich »am Meeresgrund« stauen (siehe ausführlich zu dieser Stunde: Gruschka 2010).

Sodann wurde zu bedenken gegeben, die Probleme, die mit der irreführenden Verkürzung durch Didaktik beim

Versuch des Verstehens eintreten, nicht zu ignorieren, sondern sie zum Ausgangspunkt der Korrektur zu machen.

Das Beispiel bezieht sich auf das Unterrichtsgeschehen als Bearbeitung einer Aufgabe, die ein Modell für eine Argumentation bereithalten soll.

»Aufgabe 3:
Die nebenstehenden Sätze enthalten drei Thesen. Ordnen Sie ihnen die zugehörigen Argumente, Belege und Beispiele zu.
Beispiel: These 1: … Zugehöriges Argument: … Beleg: … Beispiel: …

a) Denn nur eine kleine Zahl von Bewerbern wird zu einem Vorstellungsgespräch eingeladen.
b) Zu dieser Frage habe ich vor einiger Zeit eine informative Fernsehsendung über das Amazonasgebiet in Brasilien gesehen.
c) Das Abholzen der tropischen Regenwälder muss unbedingt eingestellt werden.
d) Denn diese Stoffe haben, vor allem langfristig, gefährliche Nebenwirkungen.
e) Das haben wir in unserer Klasse bei Bewerbungen immer wieder festgestellt.
f) Weil viele Betriebe eine Vorauswahl der Bewerber nur nach den Noten treffen.
g) Denn die riesigen Waldflächen produzieren den lebensnotwendigen Sauerstoff.
h) Weil diese Mittel die Gesundheit der Athleten schädigen.
i) Gute Noten im Schulzeugnis sind bei einer Bewerbung entscheidend.

j) Die Einnahme von leistungsfördernden Dopingmitteln im Sport muss verboten werden.
k) Weil diese Wälder für das Weiterbestehen der Menschheit unbedingt erforderlich sind.
l) Die Bilder von männlich wirkenden Leichtathletinnen zeigen doch auffällig, wie gesundheitsschädigend diese Mittel sind.«

Unschwer zu erkennen ist, dass hier ein Zusammenhang von vier Satztypen zu einem Thema künstlich auseinandergerissen und durchmischt wurde. Die Aufgabe besteht darin, die Sätze wieder in die ursprüngliche Ordnung zu bringen. Bereits damit ist der Tatbestand einer Rätselaufgabe gegeben. Es geht nicht darum, zu prüfen und zu belegen, warum drei der zwölf Sätze Thesen sind, drei andere Argumente repräsentieren usw. Auch liegt nicht die Absicht vor, die Zuordnung als eine problematische bzw. anders zu begründende zu erfahren. Die Schüler sollen vielmehr die Sätze als gültige Repräsentanten ihrer Form betrachten und auffinden.

Wie soll man das aber bewerkstelligen, wenn man nicht genau weiß, was eine These, was ein Argument, was hier ein Beleg und was ein Beispiel ist? Soll man solches etwa durch die Zuordnungsübung erst lernen? Doch weiß man solches noch nicht so, eröffnet sich eine alternative Lösungsstrategie: Wir kennen sie von ähnlichen Aufgaben eines Intelligenztests. Danach muss man erkennen, wie die vorliegende Kombination zustande gekommen ist, was sich der Autor wohl gedacht hat und welche Hinweise sich für seine Ordnungsvorstellung in den Sätzen entdecken lassen. So eingestimmt, findet man drei Sätze mit dem Anfangswort: »Weil« und drei mit dem Anfangswort »Denn«. Argumente können anfangen mit einem begründenden »Denn«, Belege mit einem »Weil«. Vielleicht ist es auch umgekehrt. So sind bereits sechs Sätze zugeordnet. Beispiele sind sicher konkreter als Thesen. Also weiß man mit den anderen sechs Sätzen, wie sie zuzuordnen sind. Über das Argument und den Beleg entscheiden wir am besten ähnlich: Belege sind die konkreteren Sätze, Argumente die allgemeineren; hoffentlich passt das zu den Ergebnissen zu »denn und weil«. Man kann das experimentell durchspielen und wird in kürzester Zeit eine Lösung erhalten.

Der Lehrer geht so aber nicht vor, sondern behandelt anstelle der Kombination der Satztypen einen von ihnen: die These. Damit fangen die Probleme an:

L.: Wir beginnen mit der ersten Aufgabe. Und zwar als Beispiel, ist hier oben angeführt, Arbeitsblatt 3, These 1: dazugehöriges Argument, Beleg und Beispiel. Die nebenstehenden Sätze enthalten drei Thesen, die sollt ihr finden. Vielleicht machen wir das erst mal in Schritten ... Bitte?

Sm10: Können Sie kurz sagen, was noch mal eine These ist?

L.: Was ist eine These? ... Was ist eine These?

Sm10: Das ist eine Aussage ..., die noch nicht begründet wurde. Kann man sagen, vielleicht ein Beweis, der noch nicht begründet wurde. Ich meine, Beweis ist ja begründet, aber ...

L.: ...die Aussage wäre besser.

Sm10: Ja, okay.

L.: Also eine Aussage, die noch nicht begründet oder

ausgeführt worden ist. So, dann machen wir das erst einmal und ihr guckt jeder … Wir haben auch noch ein bisschen Zeit, für a) und 1. Wo findet ihr dann Aussagen, Thesen? Es müssen drei versteckt sein. Und die nummeriert ihr dann euch mal durch: 1, 2, 3.

Sw10: Ich verstehe das noch nicht!

L.: Verstehst Du?

Sw10: Wir sollen jetzt also von diesen drei Hypothesen, die darin enthalten sind oder was? … Ich bräuchte jetzt von diesen Sätzen ein Beispiel, was eine These ist zum Beispiel.

L.: … eine einfache Aussage. Äh, was können wir …

Sm9: Die Welt geht in zwei Jahren unter!

L.: Weißt du es jetzt?

Sw10: Ja.

…

L.: … also, der versucht dir etwas zu erklären, was zu begründen, zu belegen, ja? Okay. Also, das (gemeint ist seine eigene Liste A. G.) sind die drei Thesen. Was ist? Noch 'ne Frage?

Sm9: Ich hab was auszusetzen, dass c eine These ist, denn da ist überhaupt keine Aussage drin. Doch, ist schon eine drin, aber äh …

L.: Das Abholzen der tropischen Regenwälder muss unbedingt eingestellt werden.

Sm9: Ich meine, da kann man … Da gibt es nichts zu beweisen, ganz einfach.

L: Warum?

Sm9: Ja, was soll es denn da für einen Beweis geben? Bewiesen ist, dass es eingestellt werden muss? Ich meine, das kann ja jeder anders sehen, oder?

L.: Ja, das sollst du ja gerade …

Sm9: Das ist eher 'ne Meinung und keine These … finde ich.

L.: Das ist 'ne Aussage. Das ist sogar 'ne Forderung, also noch mehr als nur 'ne Aussage. Und die muss erst mal begründet werden.

…

Sm9: Na gut!

L.: … du wirst das schon noch einsehen.

…

Sw7: Ich hab noch mal nachgedacht, das irgendwie zu verstehen, aber ich konnte … mir das nicht vorstellen, das als These zu sehen. Aber ich glaube einfach, ich weiß nicht, was These ist. Ich hab's nicht verstanden … Wenn hier alle sagen, dass wir keine These haben …

Man kann die aufbrechende und im weiteren Verlauf nicht abebbende Diskussion als eine List der Vernunft verstehen, die durch die Unvernunft des didaktischen Materials entbunden wurde. Die Schüler werden nämlich gar nicht auf das Rätsel angesetzt, sondern auf die Identifikation des Satztyps »These«. Da sie aber nicht wissen, was eine solche These eigentlich sein soll, suchen sie unter allen Sätzen mögliche Kandidaten. Dass ein Satz mit »Denn« beginnt, disqualifiziert ihn nicht schon inhaltlich als These. Entsprechend gibt es deutlich mehr als nur drei Sätze, die man auf diese Weise bestimmen könnte. Es dürfen aber nach der Rätsellogik nur drei sein (»versteckt«, wie der Lehrer selbst betont). Also muss man sich entscheiden: Will man klären, was eine These ist, unabhängig davon, wie viele in den Beispielsätzen stecken, oder will man jene drei finden, die der Didaktiker als solche betrachtet und in die Sammlung eingefügt hat?

Der Lehrer kann sich selbst nicht so recht entscheiden, welchen Weg er gehen will. Er akzeptiert den Klärungsbedarf, aber er will zugleich die Lösung der Aufgabe abrufen und sie für alle sanktionieren. Da aber die Aufgabe sinnwidrig aufgebaut ist, lässt sich beides nicht gleichzeitig erreichen. So kommt es am Ende zu einer Musterlösung, die niemanden in der Klasse sachlich überzeugt.

Ginge der Lehrer jedoch auf Distanz zur Vorlage, so würde ihm das die Chance eröffnen, nicht nur die Kunstfehler des Kollegen mit den Schülern zu kritisieren, sondern auf diese Weise zugleich die Frage neu zu eröffnen, wie man eine Argumentation aufbaut und welche Verfahren einer rationalen Begründung gewählt werden können. Mit der Analyse der Vorlage, wie sie ansatzweise von Schülern erfolgt, würde nicht nur das Vorverständnis der Schüler, sondern auch ihr Nichtverständnis thematisiert. Die logische Inkonsistenz der Vorlage erlaubt nämlich eine Reihe von negativen Definitionen und Unterscheidungen. Mit ihnen kann begonnen werden, auch systematisch zu klären, ob es ein allgemeines Modell der Argumentation gibt und welche für dieses Modell von den Experten empfohlen worden sind. Zugleich ließe sich im Gegensatz zur didaktischen Mogelpackung über diese Frage eine Verständigung suchen, welche konstitutive Voraussetzungen für die rationale Prüfung von Geltungsansprüchen darstellen.

Es verwundert, dass diese Chance der Klärung der Sache durch die Kritik an ihrem didaktischen Stellvertreter so überaus selten produktiv genutzt wird. Zum einen sind die

Fälle, dass die didaktische Vereinfachung nicht aufgeht, Legion, zum anderen führen die Fehler unausgesetzt im Verlaufe des Unterrichts zu Protest, sie werden vom Schüler bemerkt und nicht selten gestaltsicher ironisch kommentiert. Das Missverständliche lädt zur Klärung ein, die dann umso schmerzlicher vermisst wird.

Erziehung durch Methoden anstelle von Methodentraining

Die gegenwärtig erfolgreichsten methodischen Innovationen im Schulalltag, das allgemeine Methodentraining nach Klippert und das in ihm als Großform propagierte Präsentieren, richten sich auf die Eigentätigkeit und Eigenverantwortung im Lernprozess sowie auf die Herstellung von kommunikativer Kompetenz; Schüler sollen mit dem Methodenrepertoire selbstbewusster werden und im Unterricht eine aktivere Rolle übernehmen.

Es wäre abwegig, dergleichen nur aufgrund der ausbleibenden Umsetzung als pädagogisch nicht gewünscht hinzustellen. Wer so argumentiert, wird wohl zu Recht als konservativer Verfechter eines Instruktionslehrens kritisiert. Aber aktivierende Methoden sind, so die mehrfach geäußerte und begründete Auffassung, erst dann pädagogisch angemessen, wenn die Aktivitäten dem Ziel des Verstehens dienen und sie nicht zu einem Wert an sich werden: Die Maxime »Hauptsache wir haben darüber geredet, und alle waren beteiligt« ist hier wenig hilfreich.

Die Organisation des eigenen Lernens muss von den sachlichen Aufgaben aus bestimmt werden, sonst wird aus dem Lernen das, was am selbstbezüglichen Methodenlernen kritisiert werden musste, bzw. es dient lediglich dazu, sich selbst in Szene zu setzen. Jede schulische Aufgabe verweist spezifisch auf die Methoden ihrer Lösung. Die Methode des Umgangs mit einer Funktionsgleichung ist von deren mathematischer Konstruktion nicht zu trennen. Wer die Konstruktion verstanden hat, verfügt kompetent über die Methode: Er kann beliebige Beispiele für eine solche Gleichung bearbeiten. Wer damit konfrontiert wird, die Bedeutung des Titels *Kleider machen Leute* zu erkennen, dem hilft kein »schneller Lesen«, um Informationen zu entnehmen. Er muss genau lesen. Das aber verlangt nach einer eigenen Methode, und diese ist als zu erwerbende Haltung gegenüber einer Aufgabe nicht nur Ausdruck von Kompetenz, sondern auch Ergebnis erfolgreicher Erziehung. Sie setzt an der Explikation des Satzes und der syntaktischen Frage an, wo hier das Subjekt steckt und welches das Objekt ist. Kleider machen Leute? Oder nicht doch: Leute machen Kleider! Sie setzt sich fort mit der Entfaltung der Bedeutung des Verbs »machen« und führt auf diese Weise schnell auf die semantische Ebene. Sie exemplifiziert die Doppelbödigkeit des Herstellens und des Repräsentierens. Die bewusste Irritation und Uneindeutigkeit des Titels zeigt, wie man sieht, programmatisch nicht nur, was man mit einem solchen schlichten Satz anstellen kann, sondern zeigt auch, warum der Titel ins Zentrum der Geschichte führt. Der Satz wird als eine schillernde erläuterungsbedürftige und problematisierungsfähige Aussage kenntlich, und mit jeder Auslegung wird eine Bedeutungsschicht der Geschichte Kellers angesprochen. Die Achtklässler werden auf diese Weise nicht zu Germanisten oder Literaturkritikern, aber man behandelt sie als so sprachmächtig, dass sie den Witz des Titels durch konzentriertes Nachdenken und die Mobilisierung ihrer Fähigkeit zu sprachlichen Unterscheidungen eigenständig erschließen können. Dieses Können als ein latent vorhandenes Können zu einem manifesten Können zu machen, ist ein Akt der Erziehung zur Mündigkeit. Der Lehrer muss in diesem Zusammenhang nur nachhelfen, indem der das Können ins Bewusstsein hebt, und es anschließend als Akt der Erkenntnis von den Schülern auch tatsächlich verlangt.

Der im Deutschunterricht aufbrechende Streit darüber, was eine These ist, lässt sich ebenfalls nur sachimmanent klären. Die Rede davon, dass ein Satz nicht nur eine These als unbewiesene / noch nicht bewiesene Behauptung, sondern auch eine Forderung darstellt, führt ohne Klärung der Bedeutung des Begriffs in völlige Konfusion. Die ist umso weniger akzeptabel, als die Schüler lebensweltlich sehr wohl in der Lage sind, zwischen diesen und weiteren verwandten Sprechakten zu unterscheiden. Das »Ich glaube ...« ist etwas ganz anderes als das »Ich fordere ...« und wieder etwas anderes als das »Ich wünsche ...« oder das »Ich stelle fest ...« oder das »Ich unterstelle ...«. In der alltäglichen Kommunikation wird dergleichen pragmatisch selten durcheinandergebracht, wie es aber im Unterricht geschieht. Auch der Übergang von der These zum Argument, zum Beleg und zum Beispiel wäre entsprechend transparent zu machen. Dabei würde deutlich werden, dass die Begriffe nicht wirklich trennscharf sind und dass man hier die Bewertung von Form und Inhalt auseinanderhalten muss, damit auf das Argument sprachlogisch und nicht normativ reagiert wird. All das mündet entweder in die Analyse vorgängiger Definitionen oder aber in den Versuch, eine angemessene gebrauchsfähige eigene Definition zu erarbeiten.

Es versteht sich fast von selbst, dass dieser Prozess wiederum nur dann produktiv werden kann, wenn Verstehen verlangt wird und bezogen auf die Erziehungsdimension die Schüler Verantwortung für das übernehmen, was sie sagen, und sie diese Verantwortung nicht delegieren an diejenigen, die ihnen die Vorlage geliefert haben (»Das steht aber so bei Wikipedia!«).

In den Naturwissenschaften wird unausgesetzt das methodische Prinzip der Wissenschaft eingeholt, angefangen bei den Übungen in Beschreibung, der Beobachtung (Protokoll), der methodischen Begründung (Hypothesen) und der kritischen Kontrolle der experimentellen Anordnungen (Gütekriterien der Forschung). Unsinnig erscheint es, diese durch die Sache und Aufgabe unabdingbar gestellte methodische Ausrichtung dadurch zu unterlaufen, indem sie durch eine weichere Ausrichtung ersetzt wird. Im Gegenteil zeigen die Unterrichtsbeobachtungen eindringlich, wie notwendig es sachlich ist und wie stark es auch von den Schülern erwartet wird, dass ein Experiment sie vor eine ernsthafte Frage stellt, und sie nicht bloß dazu angehalten werden, etwas Vorgestanztes einfach zu illustrieren. Sie wollen in Situationen geraten, die sie herausfordern, wollen dabei erfahren, dass sie mit Geduld auch schwierige Aufgaben bewältigen können.

Das Leiden am sozialwissenschaftlichen Unterricht wird, überträgt man diese Beobachtungen, also nicht dadurch behoben, dass die sachlichen Anforderungen immer weiter schwinden und stattdessen die konstruktivistische kommunikative Tätigkeit eines Meinungsaustausches dominiert. Erst dann, wenn Modelle der Darstellung von sozialen Abläufen durchsichtig gemacht und im Anschluss geprüft werden, wenn zwischen statistischen Daten zur Verstädterung in Lateinamerika und politischen Deutungen von Journalisten (Klagen oder Loblieder) unterschieden wird, wenn also Probleme sich zeigen, derentwegen methodische Disziplin notwendig wird, kann der Unterricht aus dem Ruch, »Laberfach« zu sein, herausgeführt werden.

Von daher besteht lediglich ein Bedarf, das Methodische an den Unterrichtsinhalten explizit zu machen und als solches einzuüben, es kommt jedoch kein »Sesam, öffne dich!« in Betracht, mit dem fachliches Lernen wie von selbst geschehen soll.

Das lässt sich an der gegenwärtig dominierenden pädagogischen Methode der Präsentation zuspitzen. Ansatzpunkt ist auch hier die Herausforderung von Verantwortung der präsentierenden Schüler für die Gegenstände. An der bereits angesprochenen Mittelalterpräsentation (vgl. Gruschka 2008) sei das näher erläutert. Sie bestand aus einer variantenreich vorbereiteten Serie von Teilthemen, mit denen sich in arbeitsteiliger Weise jeder Schüler beschäftigen sollte. Die Präsentationen verliefen routiniert und unter Nutzung eines breiten Know-hows. Aber die Souveränität des Umgangs mit der Methode brach sich vielfach an der Dürftigkeit der thematischen Behandlung und Durchdringung. Die zentralen Defizite zeigten zugleich, wie man Präsentieren durchführen könnte, ohne dass das Verstehen der Sachverhalte darunter leidet.

Im Curriculum zum Projekt war optional ein gemeinsamer Einstieg vorgesehen, etwa als Lehrervortrag, mit dem die »Lücke« zwischen den »Gesellschaften des Altertums und des Mittelalters« geschlossen werden sollte. Dazu kam es im fraglichen Projektzusammenhang jedoch nicht: Die Aufforderung an die Schüler, sich mit einer Reihe von Pflichtthemen zu beschäftigen, vermochte diese Lücke des übergreifenden Verständnisses schon deswegen nicht zu schließen, weil die entsprechenden Stationen zu Dorf und Bauernleben, zu Adel, Ritter, Burgen, dem Leben im Kloster und der Stadt im Mittelalter als isoliertes Basiswissen angelegt waren. Ohne die Frage nach dem Besonderen des Mittelalters aber musste jedes Detail letztlich im Anekdotischen verbleiben. Verallgemeinernd kann daraus gefolgert werden, dass jede Präsentation eingebunden werden muss in einen Ziel- und Inhaltszusammenhang. Diese Zusammenhänge markieren den Stellenwert der Information, ohne ihn bleibt sie beliebig.

Auffällig war in allen Präsentationen, dass nur hin und wieder Fragen aufschienen, die sich Schüler während der Arbeit an ihrem Thema selbst gestellt hatten. Solche Fragen wurden vor allem unterstützt durch die jugendlich männliche Neugier an Waffenkunde, an der Exotik bestimmter Ritterpraktiken (Aufbahren in der Kirche) und an der unerklärlichen Stärke der Mauren als rasende Eroberer der iberischen Halbinsel. Aber für diese Fragen ist die Präsentation kein herausforderndes und sie strukturierendes Medium. Sie fielen auf, aber wurden nicht weiter bearbeitet. Das hängt mit dem Umstand zusammen, dass die Präsentation in der Regel ausschließlich Informationen als Ergebnisse, als »Fakten, Fakten, Fakten«, liefern soll. Möglichst viel an Einzelsachverhalten soll möglichst gut beschriftet und bebildert vorgestellt werden. Von daher ist ein problematisierender Gebrauch der Informationen bzw. eine entsprechende vorsichtige Aufbereitung der Sachverhalte gar nicht vorgesehen.

Fraglich blieb, so zeigten es die Präsentationen, welcher Sinn daraus folgen kann, bestimmte Informationen zu verbreiten, deren Verständnis deshalb nicht gesichert oder auch nur nachgewiesen werden kann, weil die Bedeutung des Vorgetragenen nicht benannt wird.

Präsentationen könnten dagegen bewusst zur nachhaltig erzieherisch motivierten Einübung des problematisierenden Informationsgebrauchs genutzt werden. Ausgehend von einer Frage, die mit der Präsentation beantwortet werden soll, wären die weiterführenden Fragen auch als Ergebnisse der eigenen Auseinandersetzung zu stellen. Und auch der Gebrauch der vor allem im Internet aufgefundenen Informationen wäre durch den Rückgriff auf die Darstellung und die Quellen zu problematisieren. Doch wurde auf solches gar nicht abgezielt.

Die Rekonstruktion der Recherchen der Schüler im Internet hat vielmehr schlagend belegt, wie ambivalent die Fähigkeit zur Nutzung des Mediums ist. Auf der einen Seite erwerben die Schüler mit dem Medium eine schier grenzenlose Informationsbeschaffungskompetenz. Auf der anderen Seite kann keine Rede davon sein, sie würden im Medium »recherchieren«, also präzise gestellten, wohlüberlegten Fragen nachgehen und entsprechende Informationen sammeln, um sie anschließend kritisch auf ihre Konsistenz zu überprüfen und ihre Qualität zur Klärung von Sachverhalten zu bewerten. Die Suchmaschine hat ihnen die Suche abgenommen, und zu jedem beliebigen Sachverhalt bietet sie Informationen in einem Format an, das die Schüler im Prinzip eins zu eins übertragen können und dies oft auch tun. Dabei dominieren naturgemäß Übersichtsdarstellungen, die als solche Nachfragen nur implizit kennen, nämlich in der Form von »Links«.

Geht man nun von der begrenzten Bearbeitungs- und Präsentationszeit aus, so ergibt sich die dargestellte Oberflächlichkeit mit Notwendigkeit. Dass dieser Zwang die schwächeren wie die intellektuell stärkeren Schüler genauso erfasst, die stilleren wie eloquenteren, zeigt die Eigendynamik des gewählten Settings. Auch deswegen müssten die Themen von vorneherein derartig pointiert werden, dass sie eine im gestellten Rahmen auch tatsächlich zu beantwortende Frage aufwerfen.

Die Feedbacks zeigen, dass sich die Schüler dann nicht an die ihnen abverlangte Ordnung halten, wenn das, was die im Unterricht vorgestellten Präsentationen bieten, sie fasziniert und sie aus diesem Grund sie interessierende Fragen stellen, die dann in der Regel vom Wunsch geprägt sind, Unverstandenes doch zu verstehen. Solche Fragen können am Exotischen anknüpfen, aber dennoch schnell zum Systematischen führen, sie können aber auch vom Thema direkt ausgehen. Es ist auffällig, dass das Nachbereiten der aufgeworfenen Fragen aber nur in der Weise vorkommt, dass offensichtliche Defizite der Darstellung behoben werden sollen.

Als ob es mit dem Mittelalter nach der Präsentation sein Ende haben solle, kam keiner der Schüler auf die Idee, die offenen Fragen nun in einer anschließenden Arbeitsphase zu klären oder gegebenenfalls sogar zu zeigen, wie man dabei vorgehen kann, sie zu klären: Diese Fragen blieben durchweg unbearbeitet.

Während der Präsentation und im Feedback sollte dagegen immer die Auseinandersetzung mit der Sache gefördert werden. Das in der Klasse versammelte Wissen ist dabei genauso einzubeziehen, wie das Bedürfnis der Schüler beachtet werden sollte, Verständnisfragen zu stellen. Am Ende ließen sich die Fragen zusammenfassen, deren Beantwortung aussteht und die deswegen organisiert werden muss.

Oft haben die Schüler aber schon zu Beginn ihrer Recherche den finalen Aspekt ihrer Arbeit, die Präsentation, im Auge. Von ihm aus konzipieren sie durchweg ihre Arbeit. Nicht so entscheidend ist dann, was gezeigt wird, sondern wie und womit. Aus diesem Grund geriet eine Schülerin in Panik, als sie befürchtete, ein Mitschüler würde ihr das Medium wegschnappen und somit ihre Präsentation eine bloße Reprise werden. Die Präsentationen werden also vor allem unter dem Gesichtspunkt der Gestaltung konzipiert, nicht aber unter dem Gesichtspunkt, welches Wissen bedeutend ist, um das Thema angemessen zu behandeln. Bereits dann, wenn zu allen Kleidungsstücken des Ritters die richtigen, zuweilen komisch klingenden Namen genannt wurden und auf dem Plakat auch entsprechend klar als Etiketten erschienen, war alles richtig gemacht worden. Was die Kleidungsstücke funktional bedeuten, kam nur zufällig und nebenbei zur Sprache. Das Informationswissen wurde vor der Folie des Vermittlungsmediums, nicht aber von der Vermittlung der Sache aus konzipiert.

Bei Präsentationen ist oft eine bestimmte Rollenverteilung zu beobachten: Die Schüler sollen die Präsentationen nicht nur als Lernende verfolgen und als Methodenversierte kritisieren, sie sollen zusätzlich mitschreiben, was ihnen vorgetragen wird. Der Lehrer schränkt das zwar auf »Rückfragen auf das Wichtige« ein: Aber was genau ist das Wichtige und was das Unwichtige und warum? Folglich kommt es vor allem darauf an, die Spiegelstriche mitzuschreiben, die an der Wand erscheinen (und bald nur noch mit dem I-Phone abzufotografieren?). Die in Beispielstunden geäußerten Bitten der Schüler an den Vortragenden während der Präsentation verwiesen meist durchweg auf Probleme der Sichtbarkeit und der Schnelligkeit des Folienwechsels. Die Mitschriften der Präsentation dampfen dann noch einmal das ein, wo es so oder so bereits verkürzt vorgebracht wurde. Die erzieherische Absicht, die hinter der einzelnen Präsentation stehen mag, erwies sich als letztlich überflüssig, denn die Aufmerksamkeit der Schüler war durchweg sowohl in der Rolle als Zuschauer als auch in der Rolle als Kritiker hoch: Die Mitschrift aber erschien insofern nicht wenigen als überflüssige, wenn auch hingenommene Schikane. An den Mitschriften die Aufmerksamkeit der Schüler später bei der Durchsicht der Mittelalterordner abzulesen, würde also leicht in die Irre führen. Sie zeugt weniger vom aufmerksamen als vom ordentlichen und fleißigen Schüler, der so viel wie möglich so sauber wie möglich abgeschrieben hat. Man kann vermuten, dass dieses Mitschreiben eher die innere Aufmerksamkeit ab- als anschaltet, denn diese innere Aufmerksamkeit bestünde eigentlich darin, das Gehörte erst einmal auf sich wirken zu lassen.

Was enthält dieses Beispiel systematisch für die Frage nach der Methode? Die Darstellung des Neuansatzes begann mit einer Reihe von Inhaltsbeispielen, sie wäre unvollständig ohne eine Zusammenfassung der mit dem Bildungsgehalt verbundenen methodischen Anforderungen.

Diese beziehen sich auf die methodischen Voraussetzungen der Erkenntnistätigkeit der Schüler sowie auf die Methoden, die die Wissenschaften aus den lebensweltlichen Methoden abgeleitet haben und in elaborierter Form nutzen.

Ohne die subjektiven Voraussetzungen des kognitiven Operierens und Verstehens als ein für dieses bereits als gegeben anzunehmendes Können wäre Unterricht schier unmöglich. Nur sehr begrenzt kann das damit Gemeinte durch Unterricht den Schülern beigebracht werden. Mit den Weisen der Erkenntnistätigkeit der Schüler sind nicht die in Kompetenzmodellen hinzutretenden »motivationalen oder volitionalen« Momente angesprochen, die der Begrifflichkeit der Psychologen nahestehen. Gemeint sind damit vor allem die erkenntnistheoretischen, epistemischen Voraussetzungen der Geistestätigkeit, die helfen, einen zunächst fremden und unverständlichen Gegenstand aufzuschließen und ihn sich zu eigen zu machen.

Das Methodische wird so mit den Modi des Erkennens und der Erkenntnis gekoppelt, es vollzieht sich durch die Nutzung der Mittel, die etwa Immanuel Kant (1724–1804) als die des Verstandes begriffen hat. Lutz Koch hat das in seiner *Logik des Lernens* (1991) und des Zusammenhanges von *Lehren und Lernen* (2015) wunderbar, aber von der Didaktik weitgehend unrezipiert ausbuchstabiert.

Wer nicht sich bewusst macht,
- was er tut, wenn er »weil« im Gegensatz zu »dann« oder zu »und« sagt,
- was es bedeutet, dass etwas so sein soll, sollte, könne, möge im Gegensatz dazu, was es ist,

- wann es sinnvoll ist, von »Ursache« und »Wirkung« oder lieber von »Handlung« und »Folge« zu sprechen,
- auf welchen fundamentalen Unterschied naturwissenschaftliche Kausalität im Gegensatz zu sozialem Sinn oder transzendentalem Grund verweist,
- dass er es nicht verstanden hat, was es bedeutet, etwas bestimmt oder unbestimmt zu negieren (weiß und schwarz im Gegensatz zu nicht weiß),
- was Qualität im Gegensatz zu Quantität ist,
- wann man von Notwendigkeit oder Möglichkeit und Zufälligkeit oder Wahrscheinlichkeit sprechen kann,
- sich nie klar gemacht hat, wie eine Prädikation durchgeführt wird, und was geschieht, wenn man etwas mit einem Begriff oder nur einem Namen belegt,
- wie man dabei erweiternd zu einer Definition und
- wie zu Schlüssen kommen kann,
- welche Basis praktische, theoretische und ästhetische Urteile im Gegensatz zu Meinungen und Empfindungen haben (ausführlich dargestellt in Gruschka 2009, S. 33 ff.).

Wer also all das und manches mehr als das Rüstzeug, das sich in eigenem Repertoire an Verstandestätigkeiten befindet, nicht klar macht, um es klar voneinander getrennt und distinkt und kontrolliert zu nutzen und zu prüfen, der steht beim Verstehen als einer reflektierenden und problematisierenden Tätigkeit seines Geistes im Unterricht auf verlorenem Posten und kann nur darauf spekulieren, dass ihm die Einsicht in etwas wie ein reifer Apfel in den Schoß fällt. Er muss zwangsweise auf den Geistesblitz warten, und das oft lang und vergeblich.

Man kann nur darüber staunen, wie Absolventen des Gymnasiums ins Staunen darüber geraten, dass es so hilfreich sein kann, etwa Begriffe danach zu prüfen, ob sie einen Unterschied machen und worin dieser Unterschied denn besteht. Wo er sich nicht bestimmen lässt, hat man mit dem Begriff ein Problem, denn man versteht ihn nicht. (Unsere pädagogische Sprache ist voll von solchen Unsinnsbildungen, man denke bloß an »eigentätiges Lernen«, eine »lernende Schule« oder »Selbstkompetenz«!) Solche Überraschungen über den Unsinn von Ausdrücken zeigen an, dass die Schule nicht birgt und kultiviert, was sich im Geiste der Heranwachsenden tut. Früher sollte das die Wissenschaftspropädeutik leisten.

Die andere Voraussetzung für das Verstehen bezieht sich auf die Genese und die Geltung der als Unterrichtsinhalt verhandelten Sache (Licht oder Strom, Genetik oder Evolution usw.). Beides verweist auf die Weise, wie es zu der Erkenntnis kam, die nun Inhalt des Unterrichts ist. Das hat einen kulturellen, ökonomischen, historischen, heroischen und personalen Hintergrund. Richtig fassbar wird dieser Hintergrund aber erst mit der Darstellung der Methode, die zur Erkenntnis geführt und diese Erkenntnis anerkennungsfähig gemacht hat.

Über solche Methoden verfügen alle Fächer in je besonderer Weise. Sie markieren zugleich die Denkform, in der sich die fachlich Erkennenden gemeinsam bewegen. Sie versetzen sie auch in die Lage, miteinander in Kommunikation zu treten, um über die Geltung von Aussagen oder Behauptungen zu streiten.

Daran wird nicht erinnert, weil nahegelegt werden soll, die Schüler – wie schon einmal, vor mehr als 50 Jahren geschehen – gut meinend als Wissenschaftler und Forscher zu überfordern. Aber unabweisbar erscheint es bewusst zu entfalten, was alltäglich im Prinzip in Schulen bereits geschieht, den Schülern nämlich möglichst früh bewusst zu machen, wie sich die Inhalte, die sie lernen sollen, methodisch verstehen lassen, nämlich als Ergebnisse von wissenschaftlichem Nachdenken und spezifischen methodischen Operationen der Wissenschaft. Dass dies unverzichtbar ist für die moderne Schule, wird sofort klar, wenn man sich dieses Prüfkriterium der Wissenschaftlichkeit aus der Schule wegdenkt. Dann wird nämlich Tür und Tor geöffnet für Weltanschauungen als Lehrstoff, für Indoktrination. Oder anders ausgedrückt: An den Stellen, wo dergleichen machtvoll in die Schule hineindrängt, haben wir es mit einer unsäglichen Verlängerung der kulturindustriellen Verdummung zu tun; Einzug hält das wilde Meinen, für das niemand Verantwortung übernehmen muss.

Die Methoden, die hier ins Spiel kommen, sind leicht zu bezeichnen. Es geht u. a. um

- das Beschreiben, etwa als Morphologie von Pflanzen und Tieren,
- das Modellieren, etwa mit Gattungsbegriffen der Literatur und der Grammatik,
- das Interpretieren, etwa von Bedeutungen in ästhetischen Ausdrucksgestalten,
- das Analysieren, etwa der Aussagegehalte und ihrer Geltung in Sachtexten,
- das Darstellen von Schemata als logischen Konstellationen von Begriffen,
- das Gestalten von Ausdrucksgestalten in der Kunst,

- das Argumentieren als Prüfen und Darstellen von Positionen zu strittigen Fragen,
- das induktive, deduktive oder abduktive Schließen aus Beobachtetem über Sachverhalte,
- das Beweisen durch das Aufweisen der Logik von Operationen in der Mathematik,
- das Experimentieren als die technische und theoretisch geleitete Prüfung von Wirkzusammenhängen (ausführlicher in Gruschka 2009, S. 172 ff.).

Der Stufengang des Verstehens

(1) Der Ausgangspunkt

Das Bedürfnis danach, etwas zu verstehen, führt den Neugierigen anders als den Distanzierten zunächst einmal allein auf das, was er *nicht* verstanden hat. Es kommt also zur Identifikation mit einer Frage. Der neue Inhalt wird von ihm mit einer Frage markiert: Was ist das? Warum ist das so? Was bedeutet das? Dieses Bedürfnis nach Verstehen geht nicht selten mit der skeptischen Haltung einher, ob es am Ende überhaupt zu einem Verständnis kommen kann.

Das ist anders für den, der nur für Prüfungen lernen will. Lernen zielt auf und erlaubt häufig nämlich die unmittelbare Aufnahme und Verdauung des Angebotenen. Wer die riskante Begegnung mit einer rätselhaften Sache vermeiden will und deswegen das Neue behandelt, als wäre es zu behandeln wie das Alte, der es damit schon vermittelt mit dem, was er schon weiß oder verstanden zu haben glaubt, schafft höchstens den Erfolg einer Memoriermaschine.

Dagegen ist das Nichtverstehen der mehr oder weniger

lange Begleiter des krisenhaften Bemühens um das Verstehen. Wer diese Frustration ausschließen will, verhindert damit aber auch das Verstehen. Didaktik, die Verstehen ohne diese Krise des Nichtverstehens organisieren will, produziert allein den Schein des Verstehens: ein Bescheid-Wissen, das man besser nicht näher befragt. Nicht selten wird im Unterricht diese Fragehaltung als Anfangsimpuls gesetzt. Der Lehrende macht dabei das scheinbar Bekannte fraglich: Was ist Licht, was Farbe (s. S. 147)? Die Verlegenheit, in welche die Frage die Schüler stürzt, macht ihnen deutlich, dass sie selbst dort etwas nicht verstanden haben, wo sie es verstanden zu haben glaubten. Ungleich seltener bricht eine solche Frage während des Unterrichtes auf. Dann kommt sie fast immer von den Schülern: »Entschuldigung, aber ich habe noch nicht verstanden, was eine These ist.«

(2) Operative Schließung des Verstehens

Der schulisch wohl häufigste Modus, eine Frage zu beantworten, besteht in der Unterstellung, es gäbe ein abkürzendes Verstehen. Es kommt zur Ersetzung des Was und Warum durch das Wie: Ausgerichtet wird sich ausschließlich auf ein Sich-Verstehen im Zusammenhang mit der Bearbeitung der Frage. Sobald nur verstanden wurde, was als Verhalten folgen soll aus dem, um was man sich gemeinsam bemühte, kann der Inhalt in eine gekonnte Operation umgewandelt werden. In dieser geht das Verstehen dann vollständig auf, bzw. es wird mit ihr verdinglicht. Man weiß, was man zu tun hat, wenn X auftritt. Vermag man es auch nicht begründend zu explizieren, so kann man dennoch oft mechanisch das Richtige tun.

Die Fixierung auf die richtige Operation ist aber riskant.

Kommt es zur Ausnahme von der Regel, und davon gibt es viele, kommt es zu Fehlschlüssen und falschen Anwendungen. Operationen können dabei unterschiedlich komplex und gekonnt sein. Ihnen gemeinsam ist ihre Selbstreferenzialität des »Es ist, wie es ist, man macht es eben so«. Wir alle beherrschen in diesem Modus etwa die »continuous form«, dürften aber nicht unbedingt wissen, was wir mit ihr beherrschen, nämlich die Einheit von Vergangenheit, Gegenwart und Zukunft in einem einzigen Temporalausdruck zu bezeichnen.

(3) Das nachfragende Verstehen

Die Bewegung des Verstehens muss nicht bei der Befriedigung durch die gekonnte Operation anhalten. Vor allem dort kann es zu Nachfragen kommen, wo diese Bewegung nicht trivial ist, und sie sich nicht scheinbar von selbst versteht, weil man sie praktisch vollzogen hat. Nachfragen entzünden sich zum einen daran, dass man noch nicht sicher verstanden hat, worum es geht. Man zeigt sich als »schwer von Kapee«. Zum anderen begegnet uns die Weigerung, sich mit der Anweisung des Tuns zufriedenzugeben. Das gilt vor allem für solche Operationen, die als didaktische Vereinfachungen einen Bruch mit dem verraten, was sie leicht verständlich darstellen sollen. Sie erreichen nicht die Klärung dessen, was sie vermitteln sollen, erscheinen als künstlich, unplausibel. Man möchte wissen, was das Wie bedeutet, woher es kommt. Schüler formulieren das gerne so: »Herr oder Frau X! Ich hätte da noch mal eine Frage!«. Damit kündigen sie die Problematisierung der gelieferten Erklärung an, zuweilen das Bedürfnis, nicht bloß etwas nachzumachen, sondern tatsächlich zu wissen, was man dabei genau tut.

Man erinnere sich an das kindliche Fragealter: Dort konnte die Antwort auf die eine Frage zur nächsten Frage führen. Sie leitet in die Tiefe, die Voraussetzungen der Antwort oder nach oben, zu einer höheren Einsicht, oder in die Breite, zur Kontextualisierung des Wissens auf andere Wissensbereiche. Der Satz des Pythagoras (als Ausdruck für Maßverhältnisse in und an Dreiecken) oder die Finanzkrise (als Frage nach der Bedeutung von Schulden) liefern Beispiele für ein Nachfragen, das durch die Sache wie durch die unbefriedigende didaktische Repräsentation und Aufgabe provoziert ist. Man möchte nicht bloß meinen oder glauben, sondern etwas sicher wissen. Dieses Fragen kann dabei weg von den Lernthemen bis zu den letzten Fragen führen. Wer diese aufbrechenden Bedürfnisse der Schüler und die fraglichen Aspekte der Sache nicht würdigt, kastriert das Verstehen. Derjenige aber, der die erste Nachfrage nicht befriedigt, delegitimiert sich in den Augen dieser Schüler als Vermittler. Er vertröstet den Fragenden auf eine ungewisse Zukunft einer Antwort. Er versteckt sich hinter dem didaktischen Material. Entsprechend weniger interessiert folgen dann die Schüler dem Unterricht.

(4) Das tiefere Verstehen des Verstehensproblems

Nachfragendes Verstehen kann auch darin bestehen, zum vorläufigen Ende mit einem verstandenen Nichtverstehen zu kommen. Mit ihm begreift man erstmals, worum es wirklich geht. Man hat die Frage in ihrer Relevanz erfasst, das mit ihr aufgeworfene Problem eingeordnet, verfügt jedoch noch lange nicht über eine Lösung. Das Interesse am Verstehen geht über in begründetes Staunen. Es entsteht die Faszination für etwas, die gerade im Unverstandenen begründet bleibt. Wie kriegen es die Mathematiker hin, aus minus mal minus positiv zu machen, warum funktioniert das nicht bei Schulden? Wenn man einen Bruch durch einen anderen dividiert, muss man einen umdrehen und multiplizieren. Dabei wird statt weniger mehr rauskommen! Wie kann das stimmen, wo das doch eindeutig gegen die intuitive Erwartung spricht? Der euklidische Punkt ist, wie alles bei Euklid (um 300 v. Chr.), eine Idealisierung: Man kann ihn nur im Kopf haben, nie in der Realität sehen. Und doch kann man diese Realität ausgehend von Punkten berechnen. Eine chemische Verbindung von Elementen kommt hier zustande und dort nicht, und man kann sie im Labor herbeiführen. Doch das, was dabei wirklich geschieht, bleibt trotz zugeführter Veranschaulichung unbegriffen.

Negatives Verstehen kann sich auch darin begründen, dass man für die Differenz zwischen der lebensweltlichen und der wissenschaftlichen Erkenntnis aufgeschlossen wird. Es ist eine ungeheure Irritation, ja Kränkung, wenn man einsieht, dass das, was man für Rot oder Grün hielt, in Wahrheit gar nicht rot und grün ist, sondern nur unseren Augen so erscheint. Dagegen verblasst die Wellenlänge des Lichts zu einem Abstraktum. Solche Irritation kann Neugier stiften für tieferes Verstehen, sie kann aber auch resignativ darin aufgehen, dass man sich selbst sagt, man werde es sowieso nie durchschauen.

(5) Verstehen mittels Anderem, Verständlichem

Gegen diese Resignation haben die Menschen wie auch die Didaktiker zu Hilfsmitteln gegriffen. Sie haben sich Konstruktionen einfallen lassen, um sich etwas, das im Objektbereich nicht verständlich bzw. sprachlich treffend auszudrücken war, doch klarzumachen. Vor allem durch Analogien und Metaphern werden Ersatzvorstellungen gebildet, die die Richtung oder das Modell, das, um was es eigentlich geht, veranschaulichen sollen. Vergleichsbeispiele schaffen Vorstellungen für etwas, das als solches undurchsichtig bleibt. Kohlenhydrate werden schon in der fünften Klasse durchgenommen. Also solle man sich am besten einen Ofen innen im Körper (Magen?) vorstellen, der mit Kohle versorgt wird, damit dem Körper Energie zugeführt wird? So ungefähr! Eine Quelle ist in der Geschichte keine Flussquelle, aber sie markiert doch den gesuchten Rückweg in die Geschichte des Flusses bis an den Ort seines Ursprungs, dort, wo noch keine nachfolgende Geschichte das Bild vom Ursprung getrübt hat. Um sich den fließenden elektrischen Strom vorzustellen, der mit verschiedenen Schaltungen versehen ist, kann es helfen, sich den fließenden und sich verzweigenden Fluss mit und ohne einen Staudamm vorzustellen. Eine Funktion in der Mathematik hat etwas zu tun mit einer Aufgabe, die jemand für einen anderen, etwas für etwas hat. Solche Hilfsvorstellungen können, müssen aber nicht helfen. Die ihnen oft anhaftende Schiefe muss geklärt werden, sonst entstehen Fehlkonzepte.

(6) Theoretisches und praktisches Verstehen (Sinnverstehen)

Verstehen tritt im Unterricht vor allem als wissenschaftliches, szientifisches Verstehen auf. Mit der Theorie, dem Modell, dem Gesetz werden Naturtatsachen erklärt, die Ursachen für Wirkungen in den Blick genommen. In den Naturwissenschaften bildet das Verstehen für all das eine Voraussetzung.

Das praktische Verstehen ist Thema der geistes- und sozialwissenschaftlichen Fächer. Hier soll der Sinn erschlossen werden, der in den Ausdrucksgestalten enthalten ist, der aber durch das Alltagsverstehen noch nicht gegeben ist. Beim tieferen Eindringen in die Themen zeigt sich, dass sich an dem Verstehen als dem Nachfragen, das auf Gründe verweist, die Grenze des kausalen Verstehens genauso zeigt, wie umgekehrt es unbefriedigend bleibt, empathisch Menschen und Ausdrucksgestalten von Sozialem zu begegnen und für ihre Fehler bzw. Missbildungen mögliche Gründe zu suchen. Man möchte doch wissen, warum sie so und nicht anders geworden sind.

Physik wie Geschichte laborieren an dieser Doppelung des Verstehens, haben Schwierigkeiten mit dem Anspruch, etwas zu erklären, und dem gleichzeitigen Anspruch, den Sinn hinter der Tatsache diskutierbar zu machen. Das moralische Motiv des praktischen Interesses bzw. die transzendentale Rückfrage trifft dabei auf das Motiv wissenschaftlicher Objektivität. Ursachen lassen die Seite ihrer Gründe offen. Damit lassen sich Sinnfragen des »Warum?« neben oder gegen das Erklären von Kausalität als dem Sinnfernen stellen.

Der Unterricht zeigt immer wieder, wie einzelne Schüler ihre Beunruhigung in solchen Verstehenszusammenhängen artikulieren. Die Einführung in die euklidische Geometrie mit der Setzung von Grenzen und Unendlichkeit, das Staunen über »irrationale Zahlen«, aber auch Themen wie Genetik und Ökologie oder auch der Aufstieg und der Terror des Nationalsozialismus provozieren solche Fragen an das Verstehen. Das Fallgesetz als solches zu verstehen, setzt andere methodische Zugriffe voraus, als den Fall einer

Mauer zu verstehen. In beiden Fällen geht es aber um den Anspruch einer Objektivierung durch Wissenschaft. Mit ihr soll nicht beim konstruierenden Subjektivismus des »Ich verstehe das jedenfalls so!« stehen geblieben werden.

(7) Verstehen als ästhetische Tätigkeit

Verstehen kann man oft nur im Übergang und im Durchgang durch Vorstellungswelten. »Gedanken ohne Inhalt sind leer, Anschauungen ohne Begriffe sind blind«, wie Kant (1966, S. 120) sagt. Von diesen Begriffen gibt es verschiedene Klassen, so die schon angeführten Metaphern und Verlebendigungen. Diese sind bereits diskursiv geprägt. Die Aufnahme von Sinnesdaten bildet die Basis des Verstehens. Erweitert wird sie durch sinnliches Vermögen, das als Imaginationskraft, ästhetisches Erleben und Produzieren auftritt. Sie alle sind entwicklungsgeschichtlich früh konstitutiv für Bildung, wie sie auch später als Ressourcen für das Verstehen genutzt werden können. Kunstwerke verstehen Welt kreativ, zuweilen tun sie das in diesem Modus besser als in den beiden anderen bereits aufgeführten Modi. Dieses Verstehen findet jedoch innerlich statt, durch eine Intuition über Wirkliches von außen gestiftet. Es muss, damit es weiterführendes Erleben und nicht bloß Genuss wird, geläutert und bestimmt werden. Es bleibt sonst subjektiv diffus. Das verlangt nach besonderer Anstrengung, um nämlich der Anschauung den Begriff zu liefern. Erst dann hat man verstanden, was man ansonsten eher gefühlt als begriffen hat.

Dieser Modus des Verstehens wird kritisch reflexiv in der Problematisierung der Bildwelten, wie sie nicht zuletzt in didaktischer Absicht den Schülern präsentiert werden, als wären sie nämlich Abbilder von Sachen und Erkenntnissen. Wer kennt ein Atommodell, das anschaulich erklärte, was es zeigen soll? In der Schule kommt es immer stärker zu der irrigen Annahme, Bilder könnten das vermitteln, was diskursive Darstellungen im Dunklen lassen. Das, was man sieht, auch wenn man es erkennt, sieht man jedoch noch lange nicht als einzuholende Erkenntnis. Viele in der Schule beliebte Schemata enthalten gar keine Erkenntnis, sie sind trotz Anschaulichkeit »leer« und funktionieren nur bei denen, die mit dem Bild ihren Verstand einschläfern lassen können. Die Abbildungen erweisen sich bei genauerer Analyse ggf. sogar als Fälschungen der Sache, die sie illustrieren sollen. Paradoxerweise sind es gerade diese sinnlich aufhelfenden Mittel der Didaktisierung, die das Verstehen allzu oft verunmöglichen.

(8) Pragmatische Komplexität als Grenzen des Verstehens

Zum bildenden Unterricht gehören auch die Grenzen des Verstehens. Verstehen kann scheitern beim Versuch, etwas Unsichtbares, etwas in seinen Voraussetzungen Unausgewiesenes zu fassen zu bekommen. Der Übergang vom Nichtverstehen zum Verstehen kann blockiert werden durch die subjektiv empfundene Unmöglichkeit, dasjenige zu finden, von dem man ja gar nicht weiß, was man eigentlich sucht.

Diese Grenze bezieht sich sowohl auf das Verstehen durch den Schüler als auch das Verstehen durch den Lehrer. Wer etwas nicht versteht, versteht nicht nur die Sache nicht, sondern auch sich selbst nicht. Verstehen ist ein opaker Prozess. Er kann nur sehr begrenzt durch das aufgeklärt und gefördert werden, was die Psychologen mit Metakognitionen meinen. Der Schüler muss nicht nur sich als Nichtverstehenden, sondern zugleich die Sache verstehen, um die es im Unterricht geht, außerdem die Aufgabe, die die Sache repräsentieren soll, und dann auch zusätzlich noch das, was der Lehrer oft dunkel ausgedrückt von ihm hören will.

Für den Lehrer ist es unmöglich, in den Kopf des Lernenden zu blicken, deswegen fixiert er vielleicht umso eindringlicher den Schülerkopf. Nicht selten zeigt sich, dass er selbst nicht so richtig verstanden hat, was er den Schülern zum Verstehen vorgelegt hat. Die Aufgaben, die er ihnen stellt, hat er in der Regel gar nicht für sich gelöst. Entsprechend häufig kommt es vor, dass didaktisches Material noch dort durch- und umgesetzt wird, wo es im Verlaufe des Unterrichts seine Untauglichkeit bereits bewiesen hat. Das Problem wenigstens ließe sich klug handhaben, indem keine Aufgabe gestellt wird, die nicht vorher dem Selbsttest unterzogen wurde. Letztlich kann jedoch Verstehen nicht technisch hergestellt werden, so dass Lehren und Lernen zusammenfallen.

Ein Erfolg in diesem Sinne ist also so ungewiss, dass diese Gefahr vor allem dazu motivieren mag, sich diesen Tort erst gar nicht anzutun und deswegen zu dem zurückzukehren, was man vergleichsweise unproblematisch reproduzieren kann. Möge es verstehen, wer will! Neben die Schwierigkeit des Vorganges schiebt sich so die kantische »Feigheit« (Kant 2017, S. 7) und mit der Erfahrung eigenen Scheiterns der vorauseilende Verzicht darauf, die Grenze des Verstehens auszutesten. Diese Grenze dann zu erreichen, muss jedoch nicht abschrecken, sondern kann im Gegenteil antreiben: »Das wäre doch gelacht!«

»Das kann nicht sein, dass du das nicht verstehen kannst«, sagt der Lehrer und setzt erneut an. Der Schüler überrascht sich selbst, als er durchschaut, was ihm bisher dunkel geblieben wäre. »Geht doch!«

(9) Verstehen als Ereignis

Verstehen ist damit als Einheit von Vermittlung und Aneignung ein eher unwahrscheinliches und doch ein immer mögliches Ereignis. Immer dann, wenn es stattfindet, ist es das überwältigende, überraschende Erlebnis, das Heureka, der epiphaneische Akt, dass aus etwas vordem Unverständlichem nun etwas Verständliches geworden ist, und das oft nach vielen Mühen. Wenn dann aber der Groschen fällt, welches Glücksgefühl! Das kann man nur dann fördern, wenn man ein Gespür hat für die fruchtbaren Momente im Bildungsprozess, jene Momente, in denen so etwas sich ereignen und angestoßen werden kann – jene Momente, an die man sich später anhaltend wie begeistert erinnert.

Es ist alles andere als ausgemacht, dass diese Momente nur selten stattfinden. Kinder haben, bis sie in die Schule kommen, massenhaft solcher Erlebnisse gehabt. Man denke an die ungeheure Aufgeregtheit und Freude über den ersten aufrechten Gang! Studierende gehen mit völligem Pessimismus in eine Statistikvorlesung, weil sie die Schulmathematik nie verstanden haben. Nun aber verstehen sie, was ein T-Test ist. Mit der Hilfe des Professors wird ihnen plötzlich klar, was Dialektik, was Bildung, was ein Vertrag kategorial und praktisch bedeutet.

Wie kann es sein, dass Schüler nicht massenhaft solche Geschichten aus ihrer Schulzeit berichten können? Wohl kaum deshalb, weil es dort nicht um Dinge ging, die sie entsprechend hätten *begeistern* können. Auch dürfte es nicht wenige Lehrer geben, die die Schüler faszinieren. Nach unseren Beobachtungen liegt es vor allem am fehlenden Mut, mit einer Sache und mit den Schülern wirklich aufs Ganze einer Frage und Erkenntnis zu gehen (Gruschka 2010).

(10) Verstehen und Unverbildetsein

Diesem Glück überraschend nahe sind diejenigen, die ihr Nichtverstehen mit produktiver Neugier verbinden. Das sind Schüler, die gerne übertreibend sagen: »Keine Ahnung!«, die aber damit faktisch doch die Frage stellen, die unser Ausgangspunkt war. »Was ist das?« Die Unbildung des »Keine-Ahnung-habens« steht dem Bildungsinteresse nahe. Wer nix versteht, der steht nicht bloß wie der Ochs vor dem Berg, sondern hat diesen Berg noch als amorphes Phänomen vor Augen. Er ist noch nicht verbildet, sondern staunt über das Unbegriffene, das für ihn selbst noch in keine Kiste passt. Für ihn kommt der Strom zwar aus der Dose, aber auf die Frage, wie das sein kann, fängt er sofort an zu rätseln und wird ihm beschämend bewusst, wie wenig er über das weiß und wie wenig er über Wissen darüber verfügt, was ihn doch so stark betrifft. So dumm dazustehen ärgert ihn. Zugleich erlaubt ihm seine Unbildung, die richtigen Fragen zu stellen: Warum ist die Kuh auf dem Bild blau? Es gibt doch solche Kühe gar nicht. Er stößt darauf: »Das Bild ist kein Abbild, sondern ein Bild, und darauf kann eine Kuh blau oder rosa sein. Gut, aber was soll das bedeuten?«

(11) Verstehensbehinderung durch Aufgaben

Von diesem Nichtverstehen ist dasjenige zu trennen, was sich massenhaft in der Schule einstellt. Dort geht es nämlich um etwas völlig anderes, nämlich die Unfähigkeit zu verstehen, was man lernen soll. Es ist nicht das unbegriffene Phänomen, sondern die didaktische Anweisung, die unklar sein lässt, was diese mit einem Inhalt zu tun hat, bzw. was mit ihr anzufangen ist. Hier hilft nicht einmal mehr das Auswendiglernen von etwas, weil dazu mindestens hätte verstanden werden müssen, was eigentlich gelernt werden soll. Analysen von Aufgaben zeigen immer wieder, wie schlecht, wie missverständlich, irreführend, überkomplex oder unterkomplex diese aufgebaut sind. Sie sind selten verstehenssensibel konstruiert. Zuweilen thematisieren sie ihren Inhalt so, dass von diesem mit ihnen nichts verstanden werden kann bzw. gar nichts zu verstehen ist. Sie lassen den Gegenstand im Dunklen oder aber wenden ihn in Fragen, deren Antworten im beigefügten Text bloß noch abzulesen sind. Vor allem diese Entsorgung des Unterrichts von der Aufgabe des Verstehens lässt sich verstärkt beobachten. Verlierer sind in dieser Hinsicht die Schüler, die nicht clever genug sind, herauszufinden, was der Lehrer mit den Aufgaben von ihnen will.

Die alltägliche Tragödie des Schülers besteht in diesem mitgeschleppten Nichtverstehen, das vielfach rationalisiert wird, etwa am Ende damit, dass man sich für unmusisch dort hält, wo es eigentlich gar nicht um Musik geht.

(12) Verstehen als Halbbildung

Der ärgste Feind des Verstehens ist das Pseudoverstehen, das Sich-Verstehen darauf, wie man vorgibt, als wüsste man Bescheid, die Einordnung von allem und jedem als Scheinverstehen. Es steigert sich zum Wahn, dass das, was man verstanden zu haben glaubt, die Sache trifft.

Das zu erleben, gehört zu den größten Irritationen, die mit Absolventen des Gymnasiums zu erleben sind. Für sie besteht gar nicht mehr die Differenz zwischen Verstehen und Nichtverstehen. Sie halten ihr Verständnis für Verstehen. Mehr wollen sie gar nicht von einer Sache wissen. Und genau deshalb verspüren sie der Sache gegenüber kein Defizit. Sie tragen etwas vor anderen in einer Weise vor, die jedem, der es verstehen will, klarmacht, dass sie unfähig waren, sich die Sache anzueignen, ja zuzueignen. Doch spüren sie das als Vermittler gar nicht, können es gar nicht spüren. Sie sind so ganz bei sich, dass ihnen entgeht, wie sie die Sache und ihre Adressaten verfehlen. Diese Blindheit wird mit dem festen Glauben überspielt, sie hätten zureichend verstanden, was sie wiedergeben.

Hatte der Halbgebildete in Adornos Blick noch die auf den Anderen ausgerichtete Attitüde des Überlegenen, Kennerhaften, so gibt sich der neue Halbgebildete ganz solipsistisch: Nur er existiert für sich, ohne Verbindung nach außen. Seine Beziehungslosigkeit zu den Sachen stiftet eine neue Beziehung zu sich als demjenigen, der alles und jedes wiedergeben kann, als wäre es schon zureichend angeeignet.

Wir haben es also mit einer Vielzahl von Erscheinungen des Verstehens, seiner Formen und wohl auch seiner Intensitätsgrade zu tun. Alle aufgewiesenen Formen und Stufen des Verstehens lassen sich im alltäglichen Unterricht auffinden. Auf alle lässt sich damit reagieren, Verstehen zu fördern. Man kann diese Formen bestimmten unterrichtlichen Settings typologisch zuordnen. Mit ihnen ist es möglich, das Unterrichten als pädagogische Tätigkeit in seiner Sinnstrukturiertheit aufzuschließen: sowohl als Aufgabe der Bildung, der Didaktik als auch der Erziehung der Schüler. So wird aus dem »Verstehen Lehren« ein vollständiger pädagogischer Vorgang. Von hier aus bedeutet Unterrichten Erziehen als das Lehren des Verstehens. Unterrichten realisiert sich fallweise zugleich sowohl mit einem je besonderen pädagogischen Konzept als auch als Annäherung oder Entfernung vom gemeinsamen Ziel.

Noch in der dem Unterricht notwendig eigenen defizitären Gestalt haben wir es mit einer pädagogischen Abarbeitung an der Aufgabe der Bildung zu tun, nicht aber wegen seiner Unerfülltheit mit einer Widerlegung als empirisch gehaltvollem Begriff. Das teilt der Unterricht mit manchen anderen, so auch dem der Erziehung oder auch der Kompetenz. Im guten Sinne wäre auch von ihnen nur so zu handeln, wie sie ihr Fundament in der Wirklichkeit haben, auch wenn und wo ihre reale Verwirklichung nicht an das heranreicht, was sie sein können und sollen.

Was bleibt von der Erziehungsaufgabe?

Pädagogisch signifikant und problematisch erwies sich bei der Durchmusterung der »Neuen Erziehung« zum einen ihr Ansatz am Wohlverhalten auf der Beziehungsebene sowie die Anpassung an vorgegebene Modi der Aufgabenerledigung. Ging es in der einen Richtung um die Formierung und Durchsetzung des schulisch erwarteten Sozialverhaltens, so richtete sich die andere auf ein Arbeitsverhalten, das reibungslosen Unterricht ermöglichen soll. Beiden gemeinsam war die Abkopplung der Erziehung aus dem unterrichtlichen Kontext, der kollektiven Arbeit an Inhalten. Erziehung reagiert auf Störungen, die von undisziplinierten Schülern gegen den Unterricht verübt werden, nicht aber auf die Störungen, die von Defiziten des Unterrichts selbst ausgehen. Sie zielt auf die Durchsetzung von Arbeitsmethoden, die wenig zu tun haben mit den methodischen Problemen, die sich eigentlich aus der Beschäftigung mit den Inhalten ergeben könnten. Diese Entkopplung wirkt sich ähnlich aus wie die schon im Falle der Didaktik dargestellte Differenzierung zwischen den Inhalten und den Methoden des Lehrens und Lernens. Nahezulegen ist deswegen erneut die Verbindung des Aufgetrennten.

Man kann dies abschließend verdeutlichen an den alltäglichen Interventionen von Lehrenden angesichts ihrer Unzufriedenheit mit dem Lernverhalten der Schüler und an den auf diese reagierenden methodischen Sonderbearbeitungen des Problems.

Eine der am häufigsten eingesetzten Erziehungsmaßnahmen, mit denen Schüler zum Lernen gebracht werden sollen, besteht in pädagogischen Einwürfen wie: »Ihr müsst das lernen! Wenn ihr das nicht könnt, könnt ihr die ganze Mathematik der Oberstufe vergessen.«

Hier wird eine Notwendigkeit beschworen, die als solche von den Schülern vielleicht nicht bestritten wird. Jedoch wird der Appell an das Lernen eher als demotivierend erfahren, als dass er Anlass geben könnte, sich nun ernsthaft anzustrengen. Denn der Appell bleibt inhaltlich unbestimmt, arbeitet lediglich mit einem unbegriffenen Zwang.

Mit ihm wird nicht inhaltlich auf das reagiert, was bislang daran hinderte, den Inhalt zu verstehen. Insofern macht er den Schülern, wenn überhaupt, einen »dicken Hals« und »roten Kopf«. Sie erleben sich in der ultimativen Aufforderung zum Lernen vor allem als Menschen, die »es« nicht können und ahnungslos darüber sind, wie man »es« ändern könnte.

Weniger mit der Drohung, dafür aber mit der Aufforderung der Selbstreflexion geht der Lehrende vor, wenn er mitteilt: »Also alle Vokabeln bis zur Lektion 16, bis *persuadere.* Und natürlich auch alles zur Grammatik, was wir bisher hatten. Was sagt euch das?«

Hier haben wir es mit einer Erziehung zu tun, die in ambivalenter Weise auf die Selbstaufklärungskraft der Angesprochenen setzt. »Alles« muss gewusst und gekonnt werden, was bisher gelehrt worden ist. Also war nichts überflüssig. Jeder Schüler kann im Buch eigenständig zurückverfolgen, ob er alles bis »persuadere« gelernt hat. Der Lehrer weiß natürlich, dass das nicht bei allen, wenn überhaupt, bei nur einigen Schülern der Fall ist. Die Rückfrage ist dabei alles andere als rhetorisch, denn sie lädt die Schüler ein, in der Differenz zwischen Können und Sollen sich als diejenigen zu bestimmen, die bis zur nächsten Klassenarbeit fleißig das lernen, was sie noch nicht beherrschen. Würden sie sich ihrer Fehlerhaftigkeit besinnen und ihre Saumseligkeit bekämpfen, würde ihnen die Selbsterkenntnis kommen, dass sie sich mehr anstrengen müssen. Ähnlich arbeitete bereits die pietistische Pädagogik: Sie konzentrierte sich auf die innere Bekehrung, der erfolgreichen Bekämpfung des faulen und sündigen Menschen. Aber ohne eine Verbindung zur Realität der Gegenstände, an denen das Scheitern sich zeigt, bleibt auch diese Selbstbesinnungsaufforderung leer. Sie wird als bloße Ohnmachtserfahrung verarbeitet.

Allzu selten wird im Unterricht die Reflexion der Schwierigkeiten mitgeliefert, die mit den Appellen unterbleibt. Das hängt wohl damit zusammen, dass sich der Unterricht ähnlich in die je besonderen persönlichen Gründe für fehlende Motivation, Können und abweichendes Verhalten zu verlieren droht, wie dies bei der Verfolgung subjektiver Bildungsinteressen befürchtet wird. Wenn überhaupt, dann als Exempel, das einmal für alle anderen statuiert wird, lohnte sich die Verfolgung des Widerstands.

Erfährt aber der Schüler ausschließlich, dass er schlecht, faul und unfähig ist, ohne dabei zu erkennen, was ihn sachlich daran hindert, endlich besser zu werden, kann Erziehung nicht erfolgreich werden. Daraus folgt, dass mit der Erziehung erst dann erfolgversprechend begonnen werden kann, wenn sie nicht als solche inszeniert wird, sondern in der Vermittlung des Verstehens aufgeht. Erziehen ist dann das Zeigen all dessen, was der Schüler zeigen können muss, um produktiv am Unterricht teilnehmen zu können. Solches Zeigen kann dabei wörtlich als Vormachen, Erklären, Führen verstanden werden, aber es kann auch in der Rousseau'schen Weise erfolgen, nämlich als scheinbare Abwesenheit der Erziehung, weil diese dem Schüler bereits schon als die Herausforderung durch die Sache und die Menschen begegnet. Das Verstehen selbst aber lehrt man allein dadurch, dass es als eigene Leistung des Lernenden hervorgebracht und wahrgenommen wird. Mündigkeit ist damit die Freisetzung des Lernenden zu Urteil und Kritik. Alles andere ist ein unter gewissen Umständen notwendiger Reparaturbetrieb: Er dient der Besinnung auf misslungene Erziehung, er löst sich dann aber wieder von seiner Beschränkung, indem er kontrafaktisch den Schüler erneut als erzogen behandelt – damit er es wird.

Literaturhinweise

Appel, Johannes: Vor Gebrauch wird gewarnt. In: Pädagogische Korrespondenz 34 (2005) S. 75–87.

Baumert, Jürgen / Artelt, Cordula / Klieme, Eckhard / Neubrand, Michael / Prenzel, Manfred / Schiefele, Ulrich / Schneider, Wolfgang / Tillmann, Klaus-Jürgen / Weiß, Manfred (Hrsg.): PISA 2000 – Die Länder der Bundesrepublik Deutschland im Vergleich: Zusammenfassung zentraler Befunde. Opladen 2002.

– [u. a.]: Leserbrief. In: Frankfurter Allgemeine Zeitung (FAZ) vom 24. November 2006.

[– u. a.]: Mathematikunterricht aus der Sicht der PISA-Schülerinnen und -Schüler und ihrer Lehrkräfte. In: Manfred Prenzel [u. a.]: PISA 2003 – Der Bildungsstand der Jugendlichen in Deutschland. Münster 2006. S. 314–354.

– / Kunter, Mareike: Stichwort: Professionelle Kompetenz von Lehrkräften. In: Zeitschrift für Erziehungswissenschaft 4 (2006) S. 469–520.

Beier, Tom: Kompetenzorientierung in der politischen Bildung der Schule. Frankfurt a. M. 2016.

Bellmann, Johannes: Ökonomische Dimensionen in der Bildungsreform. In: Neue Sammlung (2005) H. 1, S. 15–31.

Bernfeld, Siegfried: Sisyphos und die Grenzen der Erziehung. Frankfurt a. M. 1973.

Bierbaum, Harald: Verstehen-Lehren. Baltmannsweiler 2013.

Biermann, Heinrich / Schurf, Bernd (Hrsg.): Deutschlehrbuch: Sprach- und Lesebuch. Berlin 1998.

Blankertz, Herwig: Geschichte der Pädagogik – von der Aufklärung bis zur Gegenwart. Wetzlar 1982.

Bromme, Rainer: Der Lehrer als Experte. Bern 1992.

– Kompetenzen, Funktionen und unterrichtliches Handeln des Lehrers. In: Franz E. Weinert (Hrsg.): Psychologie des Unterrichts und der Schule. Bd. 3: Pädagogische Psychologie. Göttingen 1997. S. 177–212.

Brüdel, Heidrun / Simon, Erika: Die Trainingsraummethode. Weinheim 2003.

Bueb, Bernhard: Lob der Disziplin. Eine Streitschrift. Berlin 2006.
Comenius, Johann Amos: Die grosse Didaktik. Stuttgart 1992.
Diedrich, Martina [u. a.]: Professionelle Lehrweisen und selbstberichtete Unterrichtspraxis im Fach Mathematik. In: Zeitschrift für Pädagogik. Beiheft. 45 (2002) S. 107–123.
Draheim, Susanne / Reitz, Tilmann: Währungsreform. Die neue Ökonomie der Bildung. In: Neue Sammlung (2005) H. 1, S. 3–14.
Gordon, Thomas: Lehrer-Schülerkonferenz. Hamburg 1981.
Gruschka, Andreas: Bürgerliche Kälte und Pädagogik. Wetzlar 1994.
– Klausurrituale. In: Frank Ohlhaver / Andreas Wernet: Schulforschung, Fallanalyse, Lehrerbildung. Opladen 1999. S. 159–178.
– Didaktik – das Kreuz mit der Vermittlung. Wetzlar 2002.
– [u. a.]: Innere Schulreform durch Kriseninduktion – empirische Ergebnisse zur Schulprogrammarbeit. Frankfurt a. M. 2003.
– Didaktische Analyse als Kern der Rekonstruktion der Fallstruktur »Unterricht«. In: Wolfgang Meseth [u. a.] (Hrsg.): Schule und Nationalsozialismus. Frankfurt a. M. 2004. S. 158–188.
– Auf dem Weg zu einer Theorie des Unterrichtens. Frankfurt a. M. 2005a.
– Der heitere Ernst der Erziehung. Jan Steen malt Kinder und Erwachsene als Erzieher und Erzogene. Wetzlar 2005b.
– Wenn zwei sich streiten, freut sich der Dritte. In: Pädagogische Korrespondenz 35 (2006 a) S. 54–65.
– Bildungsstandards und der Verbleib der Bildung. In: Pädagogische Korrespondenz 36 (2006 b) S. 5–22.
– Was ist guter Unterricht? In: Pädagogische Korrespondenz 36 (2007a) S. 8–45.
– School, Didactics, Cultural Industry. In: Fabio Durao [u. a.]: The Actuality of Cultural Industry. New York 2007b. S. 173–184.
– Präsentieren, eine neue Unterrichtsform. Opladen 2008.
– Erkenntnis in und durch Unterricht. Wetzlar 2009.
– An den Grenzen des Unterrichts. Opladen 2010.
– Pädagogische Forschung als Erforschung der Pädagogik, eine Grundlegung. Opladen 2011.
– Unterrichten – eine pädagogische Theorie auf empirischer Basis. Opladen 2013.

Gruschka, Andreas: Lehren. Stuttgart 2014.
Helmke, Andreas: Unterrichtsqualität – Bewerten, Erfassen, Verbessern. Seelze 2003 [u. ö.].
– / Jäger, Reinhold S.: Die Studie MARKUS. Landau 2002.
Hentig, Hartmut von: Die Schule neu denken. Weinheim 2003.
Heußner, Martin: Aufbau und Abbau einer Unterrichtsintervention. Frankfurt a. M. 2015.
Institut für Qualitätsentwicklung: Schulinspektion. Wiesbaden 2005.
Jefferys-Duden, Karin: Das Streitschlichter-Programm. Mediatorenausbildung für Schülerinnen und Schüler der Klassen 3 bis 6. Weinheim 1999.
– Konfliktlösung und Streitschlichtung. Das Sekundarstufen-Programm. Weinheim 2000.
Johnson, David W. / Johnson, Roger T.: Teaching Students to be Peacemakers. Edina 1995.
Jornitz, Sieglinde: Der Trainingsraum: Unterrichtsstörung als Bumerang. In: Pädagogische Korrespondenz 33 (2004) S. 98–117.
Kant, Immanuel: Kritik der reinen Vernunft. Hrsg. von Ingeborg Heidemann. Stuttgart 1966 [u. ö.]. (Reclams Universal-Bibliothek. 6461.)
– Prolegomena zu einer jeden zukünftigen Metaphysik. Hamburg 1969.
– Beantwortung der Frage: Was ist Aufklärung? In: I. K.: Denken wagen. Ditzingen 2017. (Reclams Universal-Bibliothek. 19418.) S. 7–16.
Klein, Hans Peter: Vom Streifenhörnchen zum Nadelstreifen. Das deutsche Bildungswesen im Kompetenztaumel. Springe 2016.
Klieme, Eckard [u. a.]: Expertise zur Entwicklung nationaler Bildungsstandards. Hrsg. vom Bundesministerium für Bildung und Forschung. Berlin 2003.
– / Leutner, Detlev: Kompetenzmodelle zur Erfassung individueller Lernergebnisse und zur Bilanzierung von Bildungsprozessen. In: Zeitschrift für Pädagogik 6 (2006) S. 876–903.
Klippert, Heinz: Methodentraining. Weinheim 1994.
Koch, Lutz: Logik des Lernens. Weinheim 1991.

– Lehren und Lernen – Wege zum Wissen. Paderborn 2015.
Krauss, Stefan [u. a.]: COACTIV: Professionswissen von Lehrkräften, kognitiv aktivierender Mathematikunterricht und die Entwicklung mathematischer Kompetenz. Berlin 2003.
Kreter, Gabriele: Jetzt reicht's: Schüler brauchen Erziehung! Was die neuen Kinder nicht mehr können, und was in der Schule zu tun ist. Seelze-Velber [4]2007.
Kultusministerkonferenz (KMK): Vereinbarungen zu den Bildungsstandards. Bonn 2004.
Lehrerbildungsgesetz Hessen. Wiesbaden 2005.
Lipowsky, Frank: Auf den Lehrer kommt es an. In: Zeitschrift für Pädagogik. Beiheft. 51 (2006) S. 47–70.
[u. a.]: Quantity and Quality of Geometric Instruction and Its Short Term Impact on Students' Understanding of Pythagorean Content. Frankfurt a. M. 2005.
Liessmann, Konrad-Paul: Geisterstunde – Die Praxis der Unbildung. Wien 2014.
Meyer, Hilbert L.: Was ist guter Unterricht? Berlin 2004.
Nicolaidis, Dimitrios: Reformer ohne Grund. Frankfurt a. M. 2015.
Oelkers, Jürgen: Pädagogische Ethik. München 1992.
– Theorie der Erziehung. Weinheim 2001.
Pauli, Christine / Reusser, Kurt: Von international vergleichenden Video-Surveys zur videobasierten Unterrichtsforschung und -entwicklung. In: Zeitschrift für Pädagogik 6 (2006) S. 774–797.
Prenzel, Manfred [u. a.]: Lehr-Lernprozesse im Physikunterricht – eine Videostudie. In: Zeitschrift für Pädagogik. Beiheft. 45 (2002) S. 139–156.
– PISA 2003 – Der Bildungsstand der Jugendlichen in Deutschland. Münster 2006.
Rauin, Udo / Meier, Ulf: Auswirkungen von Bildungsstandards und standartisierten Leistungsvergleichstests auf die Unterrichtspraxis an baden-württembergischen Hauptschulen. Schwäbisch Gmünd 2005.
Reusser, Kurt: Unterrichtsvideos für Aus- und Weiterbildung von Lehrpersonen: Höhendifferenz. Lektion 4. Zürich 2004.

– / Reusser-Weyeneth, Marianne (Hrsg.): Verstehen – psychologischer Prozess und didaktische Aufgabe. Bern 1994.
Rosch, Jens: Mathematik zwischen Dressur und Verstehen – Phänomenologie einer unbehaglichen fachkulturellen Antiquiertheit am Beispiel geometrischer Berechnungen bei PISA. In: Pädagogische Korrespondenz 34 (2005). S. 52–74.
Schmoll, Heike: Fachliche Kompetenz. In: *Frankfurter Allgemeine Zeitung* (FAZ) vom 28. Oktober 2006.
Shulman, Lee S.: Knowledge and Teaching: Foundations of the New Reform. In: Harvard Educational Review 1 (1987) S. 1–22.
– The Wisdom of Practise. Essays on Teaching, Learning, and Learning to Teach. San Francisco 2006.
Stövesand, Helmut: Schulentwicklung nach Klippert – Über den Anspruch, mittels Dressur Selbständigkeit zu fördern. In: Pädagogische Korrespondenz 26 (2001) S. 80–94.
Struck, Peter: Das Erziehungsbuch. Darmstadt 2005.
Tausch, Annemarie / Tausch, Reinhard: Erziehungspsychologie. Göttingen [8]1977.
Terhart, Ewald: Erfassung und Beurteilung der beruflichen Kompetenz von Lehrkräften: Entwicklung eines kombinierten Instrumentariums. Münster 2006.
Türcke, Christoph: Lehrerdämmerung – Was die neue Lernkultur in den Schulen anrichtet. München 2016.
Wagenschein, Martin: Naturphänomene sehen und verstehen. Genetische Lehrgänge. Stuttgart 1980.
– Verstehen lehren. Weinheim 1968.
Weinert, Friedrich-Emanuel (Hrsg.): Leistungsmessung in Schulen. Weinheim 2001.